もくじ

保健体育　1〜3年

JN096379

自分の予定
を書こう。

この本は，学研教育みらい発行の「中学保健体育」「中学体育実技」を参考にして編集してあります。

1年 体育編

1章 スポーツの多様性

満点ミッション

❶**楽しさ**
スポーツをする理由の1つ。挑戦する，交流する，表現するなど。

❷**気晴らし**
スポーツという言葉の本来の意味。

❸**見る**
スポーツへの関わり方の1つ。会場で観戦したり，メディアを通して観戦したりすること。

❹**支える**
スポーツへの関わり方の1つ。仲間の補助や大会の運営など。

❺**健康**
体の動きを高めることを楽しむことなどによって維持される。

❻**仲間**
スポーツを継続的に行うために，空間や時間とともにもつとよいもの。

テストに出る！ ココが要点

1 スポーツの楽しさと必要性 ★

(1) スポーツをする理由
- ●<u>必要性</u>…健康を維持し，体力を向上させるなど。
- ●(❶　　　　　　　)…<u>挑戦</u>する，達成する，自然に親しむ，交流する，表現する，競争するなど。

(2) スポーツの捉え方の変化
- ●本来(❷　　　　　　)という意味であった。
- ●やがて，<u>競技スポーツ</u>として発展した。
- ●現在では，<u>誰も</u>が<u>生涯にわたって</u>楽しめるものとして捉えられるようになってきている。

2 スポーツへの多様な関わり方 ★

(1) スポーツへの関わり方にはさまざまなものがあり，それぞれに**楽しさや意義**がある。
- ●<u>行う</u>…直接参加する。
- ●(❸　　　　　　)…会場で観戦する。テレビやインターネットなどのメディアを通して観戦する。
- ●(❹　　　　　　)…大会を運営する人，会場の整備や案内をする人，コーチやマネジャー，報道関係者など。
- ●<u>知る</u>…新聞や本，インターネットで調べるなど。

3 スポーツの多様な楽しみ方 ★

(1) スポーツを生涯にわたって楽しむために，<u>自分に合った</u>運動やスポーツの<u>楽しみ方</u>を見つけ，<u>工夫する</u>ことが大切である。
- ●<u>体力</u>を高め，(❺　　　　　　)を維持するスポーツの楽しみ方…体を動かすことの心地よさを楽しむ，体の動きを高めることを楽しむなど。
- ●相手と<u>競う</u>ためのスポーツの楽しみ方…ルールやマナーを守りフェアに競う，場に応じてルールを工夫する，健闘をたたえ合うなど。
- ●<u>自然</u>と親しんだり，仲間と<u>交流</u>したり，感情を<u>表現</u>したりするときの楽しみ方…互いのよさや違いを認める，自己やグループの力を高め合うなど。

(2) スポーツを継続的に行うためには，**空間**，一緒に活動する(❻　　　　　)，**時間**をもつとよい。

予想問題　1章　スポーツの多様性

⏱ 20分

/100点

1 次のA〜Eのうち，スポーツの必要性を表しているものを1つ選びなさい。　　〔14点〕

（　　　）

A

相手に挑戦し，競争する。

B

自然に親しむ。

C

技や記録に挑戦する。

D

体力を高める。

E

表現する。

2 よく出る　次の①〜④のスポーツへの関わり方に当てはまるものを，それぞれ下のア〜クから2つずつ選びなさい。　　7点×8〔56点〕

① スポーツを行う。　　　　　　　　　　　　　　　（　　　）（　　　）

② スポーツを見る。　　　　　　　　　　　　　　　（　　　）（　　　）

③ スポーツを支える。　　　　　　　　　　　　　　（　　　）（　　　）

④ スポーツを知る。　　　　　　　　　　　　　　　（　　　）（　　　）

　ア　インターネットで選手の情報を調べる。

　イ　友達とテニスをする。

　ウ　スタジアムでサッカーの試合を観戦する。

　エ　新聞で試合結果を見る。

　オ　運動部のマネジャーをする。

　カ　テレビ中継で野球の試合を見る。

　キ　マラソン大会で水分補給のボランティアをする。

　ク　毎朝ジョギングをする。

記述 **3** スポーツの楽しみ方について，次の問いに答えなさい。　　10点×3〔30点〕

（1）体力を高め，健康を維持するスポーツの楽しみ方の例を1つ答えなさい。

（　　　　　　　　　　　　　　　　　　　　　　　　　　　　　　　）

（2）相手と競うためのスポーツの楽しみ方の例を1つ答えなさい。

（　　　　　　　　　　　　　　　　　　　　　　　　　　　　　　　）

（3）仲間と交流するときのスポーツの楽しみ方の例を1つ答えなさい。

（　　　　　　　　　　　　　　　　　　　　　　　　　　　　　　　）

1年 保健編

1章 健康な生活と病気の予防(1)

満点◎ミッション

❶主体の要因
健康を成り立たせる要因の1つ。その人がもつ素因と生活習慣や行動のこと。

❷素因
健康を成り立たせる主体の要因の1つ。性, 年齢, 抵抗力などのこと。

❸環境の要因
健康を成り立たせる要因の1つ。温度や湿度, 細菌やウイルス, 人間関係や医療制度などのこと。

❹気分転換
適度な運動による精神的な効果の1つ。緊張やストレスを和らげることができる。

❺生活習慣病
運動不足などが原因となる病気。肥満症, 動脈硬化など。

✏テストに出る! **ココが要点**

1 健康の成り立ち ★

(1) 健康の成り立ち…健康は, 主体と環境を良好に保つことによって成り立つ。ところが, さまざまな要因でそのバランスが崩れると, 病気になる。

● (❶) の要因…その人自身の素因と生活習慣, 行動など。

  ・(❷) …性, 年齢, 体質, 抵抗力など。

  ・生活習慣や行動…運動, 食事, 休養・睡眠など。

● (❸) の要因…その人を取り巻く物理・化学的環境, 生物学的環境, 社会的環境など。

  ・物理・化学的環境…温度, 湿度, 有害化学物質など。

  ・生物学的環境…細菌, ウイルス, 植物, 動物, 昆虫など。

  ・社会的環境…人間関係, 保健・医療制度, 労働条件, 経済状況, 社会情勢など。

2 運動, 食生活, 休養・睡眠と健康 ★

(1) 運動と健康

● 適度な運動…体の各器官を発達させ, 健康を保持増進させる。また, (❹) を図れるなど, 精神的にもよい効果がある。

● 運動不足…体力の低下や (❺) 病の原因となる。生活環境や年齢などに応じた適度な運動習慣を身に付けることが必要である。

▼運動の効果

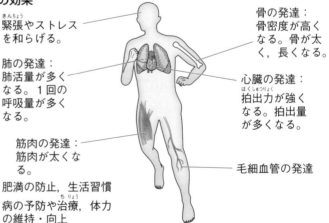

緊張やストレスを和らげる。

肺の発達:
肺活量が多くなる。1回の呼吸量が多くなる。

筋肉の発達:
筋肉が太くなる。

肥満の防止, 生活習慣病の予防や治療, 体力の維持・向上

骨の発達:
骨密度が高くなる。骨が太く, 長くなる。

心臓の発達:
拍出力が強くなる。拍出量が多くなる。

毛細血管の発達

(2)　食生活と健康
- （⑥　　　　　　　　　）…生命を維持するために最小限必要なエネルギー量。これにさまざまな活動で消費するエネルギー量を加えたエネルギーを，食事によって補給する。
- 必要なエネルギー量がとれていないと，疲労(ひろう)や痩(や)せの原因となる。
- 必要以上のエネルギー量をとると，肥満の原因となる。
- 健康な体をつくるためには，規則正しい食生活を送り，体に必要な（⑦　　　　　　　　）をバランスよくとることが必要。

▼体に必要な栄養素

栄養素	不足やとりすぎによる障害の例
たんぱく質	不足すると，体力の低下，筋肉量の減少，貧血など
カルシウム	不足すると，骨や歯の発育不良など
ビタミンA	不足すると，視力の低下，抵抗力の低下，皮膚病(ひふびょう)など
鉄	不足すると，貧血，息切れ，疲(つか)れやすいなど
脂肪(しぼう)	とりすぎると，肥満，動脈硬化，大腸がんなど
ナトリウム	とりすぎると，高血圧など

(3)　休養・睡眠と健康
- 長時間の学習，運動，作業などは，疲労をもたらす。疲労が蓄(ちく)積(せき)すると，体の（⑧　　　　　　　　）が低下し，病気にかかりやすくなったり，心の健康を損(そこ)なったりすることがある。
- 疲労の現れ方は，環境条件や活動などによって違い，個人差がある。
- （⑨　　　　　　　）…睡眠，入浴，軽い運動，栄養補給，気分転換などによって心身を休めて，疲労を回復すること。
  特に（⑩　　　　　　　）は効果的で，体の抵抗力を高める，精神を安定させるという効果もある。

十分で快適な睡眠のためには何が重要か，どんな工夫ができるか，考えてみよう。

(4)　調和のとれた生活…心身の健康には（⑪　　　　　　　）が深く関わっている。そのため，健康の保持増進のためには，生活環境や年齢などに応じて，運動，食事，休養・睡眠の調和のとれた生活を送ることが重要である。

満点🎯ミッション

⑥基礎代謝量(きそたいしゃりょう)
じっとしているときでも消費する，生命を維持するために最小限必要なエネルギー量。

⑦栄養素(ようそ)
食品に含(ふく)まれている，体に必要なもの。たんぱく質やカルシウム，ビタミンや脂肪など。不足にもとりすぎにも注意が必要。

⑧体の抵抗力
疲労が蓄積すると低下し，感染症(かんせんしょう)などの病気にかかりやすくなる。

⑨休養
休息，入浴，睡眠などのこと。心身を休め，疲労を回復するなどの効果がある。

⑩睡眠
心身の疲労を回復させるために特に効果的な休養のとり方。体の抵抗力を高めたり，精神を安定させたりする効果もある。

⑪生活習慣
運動，食事，休養や睡眠などの習慣。健康の保持増進のためには，これらの調和のとれた生活を送ることが大切である。

予想問題　1章　健康な生活と病気の予防(1)

⏱ 30分

/100点

1 健康の成り立ちについて，次の表の（　　）に当てはまる語句を書きなさい。ただし，⑦，⑧は下の〔　　〕から選び，記号で書きなさい。　　　　　　　　　3点×8〔24点〕

①（　　　　　　　　）　②（　　　　　　　　）　③（　　　　　　　　）

④（　　　　　　　　）　⑤（　　　　　　　　）　⑥（　　　　　　　　）

⑦（　　　　　　　　）　⑧（　　　　　　　　）

（　①　）の要因	（　③　）	体質，性，年齢など
	（　④　）や行動	食事，運動，休養など
（　②　）の要因	物理・化学的環境	温度，湿度，（　⑦　）など
	（　⑤　）的環境	細菌・ウイルス，動物，植物，昆虫など
	（　⑥　）的環境	人間関係，（　⑧　），労働条件など

〔　ア　有害化学物質　　イ　保健・医療制度　〕

2 **よく出る** 運動と健康について，次の問いに答えなさい。　　　　　　4点×3〔12点〕

(1) 適度な運動が体に及ぼす効果を，次から全て選びなさい。　　（　　　　　　　　）

　ア　骨密度が高くなる。

　イ　心臓の拍出量が減少する。

　ウ　肺活量が減少する。

　エ　筋肉が発達する。

　オ　生活習慣病を防ぐ。

　カ　体力が向上する。

> 適度な運動は，体に
> も心にもよい効果が
> あるよ。

記述 (2) 適度な運動が心に及ぼす効果を1つ書きなさい。

（　　　　　　　　　　　　　　　　　　　　　　　　　　　　　　　　　）

(3) 運動習慣について，正しいもの全てに○を書きなさい。

①（　　　）　現代社会では，交通機関の普及，外遊びやスポーツをする機会の減少などの影響で，日常生活で体を動かすことが少なくなっている。

②（　　　）　健康を保持増進するためには，自分に合った適度な運動を，継続して行うことが必要である。

③（　　　）　中学生は体育の授業で体を動かすので，日常生活の中で運動をする必要はない。

④（　　　）　生活の中で毎日楽しく30分間歩くことは，健康づくりのための運動としては効果がない。

⑤（　　　）　健康づくりのための運動は，安全であること，効果があること，楽しいことを満たすことが重要である。

3 よく出る 食生活と健康について，次の問いに答えなさい。 4点×8〔32点〕

(1) 生命を維持するために，最小限必要としているエネルギー量を何というか。
（　　　　　　　　　）

(2) 健康のためには，食事によって何をバランスよくとることが大切か。
（　　　　　　　　　）

(3) (2)の不足やとりすぎによる障害について，次の表の（　　）に当てはまる語句を下の〔　　〕から選びなさい。
①（　　　　　　　）　②（　　　　　　　）　③（　　　　　　　）
④（　　　　　　　）　⑤（　　　　　　　）

（ ① ）	不足すると，体力低下や貧血，筋肉量の減少などが起こる。
（ ② ）	不足すると，骨や歯の発育不良などが起こる。
（ ③ ）	不足すると，貧血や息切れ，疲れやすさなどが起こる。
（ ④ ）	不足すると，視力の低下，抵抗力の低下，皮膚病などが起こる。
（ ⑤ ）	とりすぎると，肥満，動脈硬化などの生活習慣病になる。
ナトリウム	とりすぎると，高血圧などになる。

〔　カルシウム　　脂肪　　たんぱく質　　鉄　　ビタミンA　〕

記述 (4) 朝食にはどのような働きがあるか。1つ書きなさい。
（　　　　　　　　　　　　　　　　　　　　　　　　　　　　　　　）

4 疲労の現れ方と回復させる方法について，次の問いに答えなさい。 4点×8〔32点〕

(1) 疲労の現れ方について，次の表の（　　）に当てはまる語句を下の〔　　〕から選びなさい。
①（　　　　　　　）　②（　　　　　　　）　③（　　　　　　　）
④（　　　　　　　）　⑤（　　　　　　　）

疲労の種類	疲労の現れ方
眠気感	眠い。あくびが出る。（ ① ）が乏しい。全身がだるい。横になりたい。
（ ② ）感	頭が痛い。頭が重い。頭がぼんやりする。気分が悪い。めまいがする。
だるさ感	腕や足がだるい。（ ③ ）が凝る。手や指，腰が痛い。
（ ④ ）感	目がしょぼつく。目が痛い。目が疲れる。目が乾く。物がぼやける。
不安定感	（ ⑤ ）する。落ち着かない。不安。ゆううつ。考えがまとまらない。

（日本産業衛生学会産業疲労研究会資料より）

〔　いらいら　　肩　　不快　　ぼやけ　　やる気　〕

(2) 疲労が蓄積すると，健康障害につながることがあるか。 （　　　　　　　）
(3) 疲労の回復に欠かせない休養のうち，最も効果的な方法は何か。 （　　　　　　　）

記述 (4) 疲労を回復させる方法を，(3)の他に1つ書きなさい。
（　　　　　　　　　　　　　　　　　　　　　　　　　　　　　　　）

2章 心身の機能の発達と心の健康①

満点◎ミッション

❶**発育急進期**
　身長や体重が急に発育する時期。0～2歳頃と思春期。

❷**生殖器**
　女子の卵巣や男子の精巣など。思春期に急速に発育する。

❸**呼吸器**
　鼻（口），気管，気管支，肺などの呼吸に関わる器官。酸素と二酸化炭素は肺胞と毛細血管の間で交換される。

❹**循環器**
　心臓や血管などの血液循環に関わる器官。

❺**呼吸数**
　1分間当たりの呼吸回数。呼吸器の発達とともに減少する。

❻**肺活量**
　空気をいっぱいに吸い込んだ後，肺から吐き出せる最大の空気の量。呼吸器の発達とともに増大する。

❼**心拍数**
　心臓の収縮（拍動）の数。循環器の発達とともに減少する。

❽**拍出量**
　心臓の収縮によって送り出される血液の量。循環器の発達とともに増大する。

✎テストに出る！ ココが要点

1 体の発育・発達 ★

(1)　(❶ 　　　　　　　)…大部分の器官が発育することで，身長や体重が急に発育する時期。**乳児**の頃と**思春期**にある。

●(❷ 　　　　　)（**卵巣**や**精巣**など）は，思春期に急速に発育する。

●**神経**（**脳**や**脊髄**など）は，思春期には大人と同じくらいまで発育が進んでいる。

●**リンパ器官**（**胸腺**や**へんとう**など）は早くから発育していて，思春期には大人以上に発育している。

(2)　各器官の発育・発達には，**個人差**がある。

▼各器官の名称

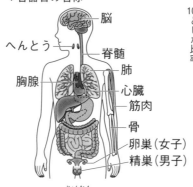

▼各器官の発育の仕方

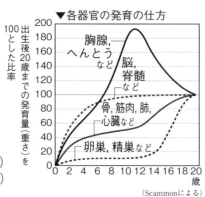

（Scammonによる）

2 呼吸器や循環器の発達 ★

(1)　鼻，気管，肺などのことを(❸ 　　　　　　)，心臓や動脈，静脈，毛細血管などのことを(❹ 　　　　　　)という。

(2)　呼吸器の発育に伴い**肺胞**の数が増えたり，肺が大きくなったりすると，1回の呼吸量が増える。その結果，(❺ 　　　　　)が減少したり，(❻ 　　　　　)が増大したりする。

(3)　循環器の発育に伴い**心臓**が大きくなったり，収縮する力が強くなったりすると，(❼ 　　　　　)が減少したり，(❽ 　　　　　)が増大したりする。

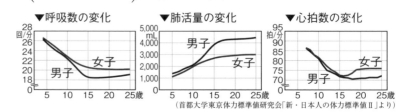

▼呼吸数の変化　▼肺活量の変化　▼心拍数の変化

（首都大学東京体力標準値研究会「新・日本人の体力標準値Ⅱ」より）

満点ミッションの❶，❷…は，**ココが要点**の❶，❷…の答えになります。

3 生殖機能の成熟

(1) 思春期になると，脳の<u>下垂体</u>から（❾ 　　　　　　）ホルモン
が分泌され，生殖器の機能が発達する。その結果，男女の体つき
にそれぞれの<u>特徴</u>が現れる。

● 女子では卵巣が発達し，卵巣の中では卵子が成熟するようにな
り，<u>女性ホルモン</u>の分泌が活発になる。

● 男子では精巣が発達し，精巣の中では精子がつくられるように
なり，<u>男性ホルモン</u>の分泌が活発になる。

(2) （❿ 　　　　　　）…卵巣の中で成熟した<u>卵子</u>が，周期的に卵
巣の外に出されること。

● 排卵後，受精しなかった場合に<u>子宮内膜</u>が剝がれて体外に出さ
れることを（⓫ 　　　　　　）という。

● 初めての月経を<u>初経</u>という。

(3) （⓬ 　　　　　　）…精巣でつくられた<u>精子</u>と，精のうや前立
腺から出る分泌液が混ざったもの。

● 精液が尿道を通って体外に出されることを（⓭ 　　　　　　）
という。

● 初めての射精を<u>精通</u>という。

▼女子の生殖器

卵管
卵巣
子宮

腟

▼男子の生殖器

精管
陰茎
精のう
前立腺
尿道
精巣

(4) 受精と妊娠…精子が腟から子宮を通って卵管へ泳いでいき，排
卵された卵子と<u>受精</u>すると，
<u>受精卵</u>ができる。

● （⓮ 　　　　　　）
…卵管から子宮へ移動した
受精卵が，子宮内膜に潜り
込むこと。

● （⓯ 　　　　　　）
…着床してから赤ちゃんが
生まれるまでの，女性の体
内に胎児が宿っている状態。

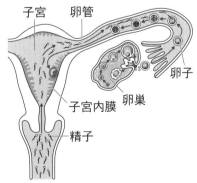

子宮
卵管
卵子
卵巣
子宮内膜
精子

月経や射精が起こる
ようになったという
ことは，新しい生命
をつくり出せるよう
になったということ
で，大人の体に近づ
いたしるしだよ。

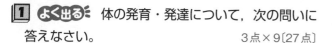

⏱30分

/100点

1 よく出る 体の発育・発達について，次の問いに
答えなさい。　　　　　　　　　　3点×9〔27点〕

(1) 器官の大きさが増すことを何というか。
（　　　　　　）

(2) 器官の働きが高まることを何というか。
（　　　　　　）

(3) 大人になるまでに，身長や体重が急に発育する
時期は何回あるか。（　　　　　　）

(4) (3)のように身長や体重が急に発育する時期のこ
とを何というか。（　　　　　　）

(5) 思春期に訪れる(4)の時期や程度には個人差があ
るか。（　　　　　　）

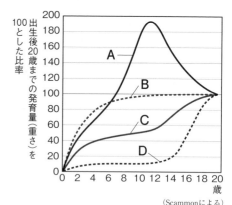

(Scammonによる)

(6) 右の図は，各器官の発育の仕方を表したものである。A～Dに当てはまる器官を次から
それぞれ選びなさい。　A（　　）B（　　）C（　　）D（　　）

ア　脳，脊髄など(神経型)　　　　イ　胸腺，へんとうなど(リンパ型)
ウ　卵巣，精巣など(生殖腺型)　　エ　骨，筋肉，肺，心臓など(一般型)

2 呼吸器や循環器の発育・発達について，次の問いに答えなさい。　　2点×8〔16点〕

(1) 次から呼吸器を全て選びなさい。（　　　　　　）
ア　鼻　　イ　血管　　ウ　心臓
エ　肺胞　　オ　気管

(2) 酸素と二酸化炭素の交換は，何という器官と毛細血管との間で行われるか。(1)のア～オ
から選びなさい。（　　　　　）

(3) 呼吸器の発育・発達は，どのようなことから知ることができるか。次から2つ選びなさ
い。（　　　）（　　　）
ア　肺活量の増大　　イ　肺活量の減少
ウ　呼吸数の増大　　エ　呼吸数の減少

(4) (1)のア～オから循環器を全て選びなさい。（　　　　　）

(5) 循環器の発育・発達は，どのようなことから知ることができるか。次から2つ選びなさ
い。（　　　）（　　　）
ア　心拍数の増大　　イ　心拍数の減少
ウ　拍出量の増大　　エ　拍出量の減少

(6) 運動習慣のある人は，運動習慣のない人に比べて心拍数が多いか，少ないか。
（　　　　　　）

3 思春期の体の変化について，次の文の(　　)に当てはまる語句を下の〔　　〕から選びなさい。

2点×6〔12点〕

①(　　　　) ②(　　　　) ③(　　　　)
④(　　　　) ⑤(　　　　) ⑥(　　　　)

思春期になると，脳の(①)から(②)ホルモンが分泌され，生殖器が発達する。女子では(③)が発達し，(④)ホルモンの分泌が活発になる。男子では(⑤)が発達し，(⑥)ホルモンの分泌が活発になる。その結果，男女の体つきに違いが現れる。

〔 女性　男性　下垂体　性腺刺激　卵巣　精巣 〕

4 よく出る 男子と女子の生殖器について，次の問いに下の〔　　〕から選んで答えなさい。

3点×15〔45点〕

(1) 図1，2のA～Eをそれぞれ何というか。

A(　　　　) B(　　　　)
C(　　　　) D(　　　　)
E(　　　　)

(2) 図1について，次の文の(　　)に当てはまる語句を書きなさい。

①(　　　　) ②(　　　　)
③(　　　　) ④(　　　　)

精巣では(①)がつくられる。(①)と分泌液が混ざったものを(②)といい，(②)が尿道を通って体外に出されることを(③)という。初めて起こる(③)を(④)という。

図1　男子の生殖器

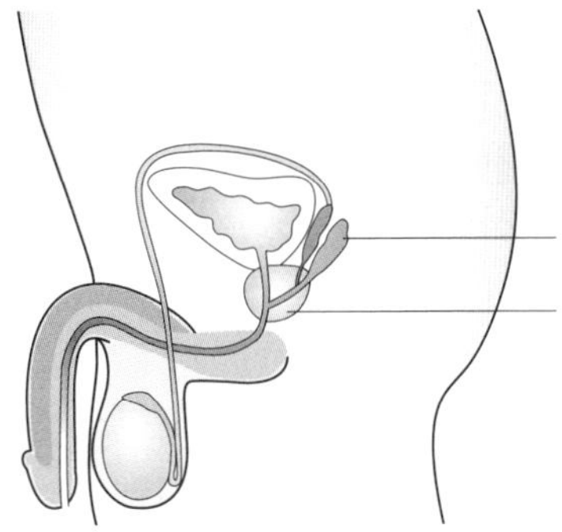

図2　女子の生殖器

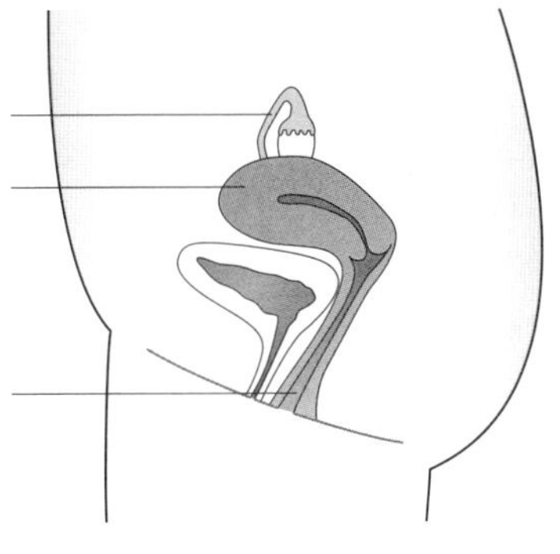

(3) 図2について，次の文の(　　)に当てはまる語句を書きなさい。

①(　　　　) ②(　　　　)
③(　　　　) ④(　　　　)
⑤(　　　　) ⑥(　　　　)

卵巣では(①)が成熟する。成熟した(①)が卵巣の外に出されることを(②)という。(②)後，受精が起こらなかったとき，子宮では(③)が剥がれて体外に出される。これを(④)といい，初めて起こる(④)を(⑤)という。(②)後，受精が起こってできた受精卵が(③)に潜り込むことを(⑥)といい，妊娠が成立する。

〔 卵子　精子　初経　月経　射精　精通　着床　排卵
精のう　前立腺　子宮　膣　精液　子宮内膜　卵管 〕

@ポイント攻略！ 中学生の時期に体がどのように発育・発達するのかを整理しよう。➡ **1**，**3**

2章 心身の機能の発達と心の健康②

満点ミッション

❶性的欲求〔性衝動〕
思春期の性意識の変化に伴って，「異性の体に触れてみたい」などと強く思う気持ち(衝動)。

❷情意機能
感情や意思など。心の働きに関わる。

❸知的機能
言葉を使ったり，考えたり，判断したりする働き。さまざまな経験や学習の積み重ねで発達する。

❹感情
喜怒哀楽などの気持ちのこと。人間関係が深まることで発達する。

❺意思
目標のために努力を続ける心の働き。達成感や充実感，感動体験などの積み重ねで発達する。

❻社会性
社会生活に必要な態度や行動の方法，考え方など。

❼自立
大人による保護から抜け出し，人に頼らずに自分で判断して行動すること。

テストに出る！ ココが要点

1 性とどう向き合うか ★

(1) 思春期には，生殖機能の成熟に伴い，<u>性意識</u>に変化が現れる。
- <u>異性への関心</u>が高まる。
- 「異性の体に触れてみたい」などの (❶　　　　　　) が強くなる。
- **友情とは異なる感情**が生まれる。
- 性意識には個人差があることを理解し，お互いを尊重し合う人間関係を築くことが大切である。

(2) <u>性情報</u>への対処
- 正しくない情報が含まれている。
- いたずらに性衝動をあおろうとする情報も多い。
- 正しい情報なのか判断し，**適切な責任ある行動**をとることが大切である。

2 心の発達 ★

(1) 心の働き…<u>大脳</u>で営まれ，<u>知的機能</u>，(❷　　　　　　)機能，<u>社会性</u>などが関わり合って成り立つ。さまざまな経験を通して大脳に刺激を与えることで発達する。

(2) (❸　　　　　　)機能…言葉を使う，記憶する，理解する，判断するなどの働き。

(3) <u>情意機能</u>…人間関係の深まり，達成感，感動体験などの積み重ねで発達する。
- (❹　　　　　　)…うれしい，悲しいなど。
- (❺　　　　　　)…目標のために自分の行動を決めるなど。

(4) 社会生活に必要な態度や考え方などを (❻　　　　　　)**性**という。生活や行動の範囲が広がり，人と接する機会が増える中で発達していく。
- 他人の気持ちを理解し，思いやる。
- 集団の中で協調して行動する。
- 社会のルールやマナーを守る。

(5) 社会性が発達すると，大人に依存していた状態から抜け出して(❼　　　　　　)しようとする。しかし，**甘えたい気持ち**もあり，心が<u>揺れ動く</u>ことが多くなる。

3 自己形成 ✦

(1) 思春期になると，**自分と他人の違いは何か**，自分は他人からどのように**見られているか**などを強く意識するようになる。

(2) (⑧　　　　　　　)…自分自身を**客観的**に見つめ，さまざまな経験を通して悩(なや)んだり，成功したり失敗したりする中で，自分なりの考え方や行動の方法がつくられていくこと。

4 欲求不満やストレスへの対処 ✦

(1) 大脳(心)と体は**神経**や**ホルモン**を通して影響し合っている。これを心身相関(しんしんそうかん)という。

(2) 欲求…「欲しい」「したい」などの気持ち。

● (⑨　　　　　　　)欲求…生命を維持するための欲求。食べたい，眠りたいなど。

● (⑩　　　　　　　)欲求…社会生活の中で発達する欲求。**人間関係**についての欲求や**成長**についての欲求。

社会的欲求
成長の欲求	他人より優れ(すぐ)たい，能力を発揮(はっき)したい
関係の欲求	集団に入りたい(所属)，認められたい(承認・尊厳)，愛したい，愛されたい(愛情)
生理的欲求	飲食，休息・睡眠，生殖，安全の欲求

(Alderferによる．一部改変)

(3) (⑪　　　　　　　)…欲求が満たされず，不快な感情が起こった状態のこと。長く続くと体や行動に好ましくない反応が起こることがある。

(4) 欲求不満への対処

● 人に迷惑(めいわく)をかけない欲求…実現に向けて**努力**する。

● 自分勝手な欲求，実現が難しい欲求…**気持ちを切り替(か)え**たり，我慢(がまん)したりすることも必要。

(5) (⑫　　　　　　　)…周りからの刺激によって，心身に負担がかかった状態のこと。

● **適度なストレスは心身の発達に必要**だが，ストレスが大きすぎたり長く続いたりすると，心身に悪影響を及(およ)ぼすことがある。

(6) ストレスへの対処

● 心身をリラックスさせ，気分転換をする。

● 上手なコミュニケーションの方法を身に付ける。

● 友達や周囲の大人に相談する。

予想問題 2章 心身の機能の発達と心の健康②

⏱ 30分

/100点

1 思春期に現れる性意識の変化について，次の問いに答えなさい。 5点×5〔25点〕

(1) 次の文の（　）に当てはまる語句を書きなさい。

①（　　　　　　） ②（　　　　　　）

> 思春期になると，（ ① ）への関心が高まり，「（ ① ）の体に触れてみたい」などの（ ② ）が生じる。また，<u>特定の人と親しく交際したいという感情</u>が生まれる。

(2) (1)の文で，下線部の感情は，友情と同じか，違うか。 （　　　　　　）

(3) 性意識には，個人差があるか。 （　　　　　　）

(4) 性情報について，正しいものを次から全て選びなさい。 （　　　　　　）

　ア　テレビやインターネット，雑誌などから得られる。

　イ　私たちの周りにある性情報は，全て正しい情報である。

　ウ　いたずらに性衝動をあおろうとしている情報がある。

2 **よく出る** 心の発達について，次の問いに答えなさい。 3点×9〔27点〕

(1) 心の働きは，体のどの部分で営まれているか。 （　　　　　　）

(2) 言葉を使う，記憶する，理解する，判断するなどの働きを何機能というか。

（　　　　　　）

(3) 感情や意思などを何機能というか。

（　　　　　　）

(4) (3)の機能が発達すると，どのようになるか。次から全て選びなさい。 （　　　　　　）

　ア　相手の感情を理解し，共感できる。

　イ　その場にふさわしい感情の表し方ができる。

　ウ　目標に向けた努力が続かなくなる。

(5) 右の図は，感情の発達を表したものである。A，Bに当てはまる語句を書きなさい。

A（　　　　） B（　　　　）

新生児	乳児	2歳頃	5歳頃
		A	A
			得意
	A	喜び	喜び
			望み
			かわい
		愛情	がり
			甘え
興奮	興奮	興奮	興奮
			恥ずか
			しさ
		恐れ	恐れ
			心配
			B
	不快	B	うらやみ
			失望
			不満足
	不満		嫌い

（Bridgesによる，一部改変）

記述 (6) 社会性はどのようなことによって発達していくか。簡単に書きなさい。

（　　　　　　　　　　　　　　　　　　　　　　　　　　　　　　　）

(7) 思春期になると，親や周囲の大人に対する2つの気持ちの間で揺れ動くことが多くなる。どのような気持ちか。次の文の（　）に当てはまる語句を書きなさい。

①（　　　　　　） ②（　　　　　　）

> 大人から（ ① ）したい気持ちと，大人に（ ② ）たい気持ち。

3 自己形成について，次の文から正しいものを３つ選んで○を書きなさい。

4点×3〔12点〕

① （　　　） 思春期になると，自分と他人の違いを強く意識するようになる。

② （　　　） 思春期になると，自分が他人の姿をどのように見ているのかを強く意識するようになる。

③ （　　　） 自分自身を主観的に見ることで，かえって自分自身のことがわからなくなることがある。

④ （　　　） 自分なりの考え方や行動の方法がつくられていくことを，自己形成という。

⑤ （　　　） いろいろな人の生き方や考え方に触れ，さまざまな経験を通して悩んだり成功したり失敗したりすることは，自己形成に役立つ。

⑥ （　　　） 自分の長所を受け入れて短所を受け入れないことで，自分を好きだと思えるようになることが大切である。

4 欲求不満やストレスへの対処について，次の問いに答えなさい。　　3点×12〔36点〕

(1) 緊張したとき，口の中や心臓にはどのような変化が現れるか。

口の中 （　　　　　　　　　　　　）

心臓 （　　　　　　　　　　　　）

(2) 心と体が，神経やホルモンを通して影響し合うことを何というか。

（　　　　　　　　　　　　）

(3) 生命を維持するための欲求を何というか。　　　（　　　　　　　　　　）

(4) (3)に対し，社会生活の中で発達する欲求を何というか。（　　　　　　　　）

(5) (4)の欲求に当てはまるものを，次から全て選びなさい。（　　　　　　　）

ア　安全の欲求

イ　食べたい，飲みたいという欲求

ウ　集団に入りたいという欲求

エ　認められたいという欲求

オ　休みたい，眠りたいという欲求

カ　愛したい，愛されたいという欲求

キ　能力を発揮したいという欲求

> (4)の欲求は，人間関係や成長についての欲求だよ。

記述 (6) 欲求不満への適切な対処の仕方を２つ書きなさい。

（　　　　　　　　　　　　　　　　　　　　　　　　　　　　　　）

（　　　　　　　　　　　　　　　　　　　　　　　　　　　　　　）

(7) 心の発達のために，適度なストレスは必要か。　　（　　　　　　　　）

(8) ストレスの感じ方に個人差はあるか。　　　　　　（　　　　　　　　）

記述 (9) ストレスへの適切な対処の仕方を２つ書きなさい。

（　　　　　　　　　　　　　　　　　　　　　　　　　　　　　　）

（　　　　　　　　　　　　　　　　　　　　　　　　　　　　　　）

2章 スポーツの効果と学び方や安全な行い方

満点⦿ミッション

テストに出る！ **ココが要点**

❶体力
スポーツによって維持・向上が期待される。健康に生活するためのものと，運動を行うためのものがある。

❷ルール
公正さや楽しさと安全を保障するために決められたもの。同じ条件のもとで競うためのもの。

❸マナー
スポーツをより楽しく行うためにお互いが気をつけるもの。

❹技術
目的にかなった合理的な体の動かし方。

❺戦術
技術を使って相手との競い合いを有利に運ぶプレイの仕方。

❻作戦
ゲームや試合の行い方の方針。相手や条件に応じてどのような戦術を用いるかなど。

❼自然に関する知識
野外スポーツを安全に楽しむために必要な知識。

1 スポーツの効果

(1) スポーツが体に及ぼす効果
- 体の発育・発達
- 運動技能の向上
- (**❶**   )の維持・向上…健康に生活するための体力と，運動を行うための体力がある。

(2) スポーツが心に及ぼす効果
- ストレスの解消やリラックス
- 達成感や自信がもてるようになる

(3) スポーツが社会性に及ぼす効果
- 公正さや楽しさと安全を保障するために決められた条件を(**❷**   )といい，スポーツをより楽しく行うためにお互いが気をつけるものを(**❸**   )という。
- ルールを守る，仲間を大切にする，他人を尊重するといった態度や考え方を**スポーツマンシップ**という。

2 スポーツの学び方

(1) スポーツの技術
- (**❹**   )…目的にかなった合理的な体の動かし方。これが身に付いた状態を技能という。
- (**❺**   )…試合を有利に運ぶプレイの仕方。
- (**❻**   )…ゲームや試合の行い方の方針。

(2) スポーツの学び方…よい動き方を見つける。→練習の計画を立て，練習する。→練習の成果を確かめる。ということを繰り返しながら高めるとよい。

3 スポーツの安全な行い方

(1) スポーツの安全な行い方
- 目的に適したスポーツを選択し，**強さ**，**時間**，**頻度**に配慮した計画を立てる。
- 開始時(体調の確認，準備運動など)，運動中(水分補給や休憩など)，終了時(整理運動や休憩など)のそれぞれで安全に配慮し，事故にも備える。

(2) 野外スポーツの安全な行い方…(**❼**   )に関する知識と理解を身に付け，危険がないか常に注意する必要がある。

予想問題 2章 スポーツの効果と学び方や安全な行い方

⏱20分

/100点

1 スポーツの効果について，次の問いに答えなさい。 5点×8〔40点〕

(1) スポーツが体と心に及ぼす効果について，正しいものに○，誤っているものに×を書きなさい。

① ( ) スポーツを行うことは，体の発育や発達，運動技能の上達に効果がある。

② ( ) スポーツを行うことは，体力の向上に効果がない。

③ ( ) 体力には，体調維持などの健康に生活するための体力と，運動やスポーツを行うための体力がある。

④ ( ) 食生活を適切にし，スポーツを行うことで，肥満を予防できる。

⑤ ( ) スポーツを行うと，達成感や自信がもてるようになる。

⑥ ( ) スポーツは，精神的なストレスの解消の効果は期待できるが，リラックスの効果は期待できない。

(2) スポーツにおいて，公正さや楽しさと安全を保障するために決められた，共通の条件を何というか。 ( )

(3) スポーツをより楽しく，気持ちよく行うために，自発的に守るものを何というか。 ( )

2 スポーツの学び方について，次の問いに答えなさい。 6点×4〔24点〕

(1) 目的にかなった合理的な体の動かし方を何というか。 ( )

(2) (1)を使って試合を有利に運ぶためのプレイの仕方を何というか。 ( )

(3) ゲームや試合の行い方の方針を何というか。 ( )

(4) スポーツの効果的な学び方について，次のア〜エを正しい順に並べなさい。

(→ → →)

ア 目標となる動きを見つける。 イ 練習の成果を確かめる。

ウ 練習の計画を立て，練習する。 エ 成果に応じて目標や計画を修正する。

3 よく出る スポーツを安全に行うために必要なことについて，次の文の( )に当てはまる語句を書きなさい。 6点×6〔36点〕

① ( ) ② ( ) ③ ( )
④ ( ) ⑤ ( ) ⑥ ( )

- 行うスポーツを選択した後，(①)，(②)，(③)を適切に決めて計画を立てる。
- 運動前には，体調の確認，用具や施設の安全の確認，(④)運動を行う。
- 運動中には，適切な休憩や(⑤)補給を行う。
- 運動後には，(⑥)運動を行い，用具や施設の点検，整備を行う。

2年 保健編

3章 健康な生活と病気の予防(2)

満点◎ミッション

❶生活習慣病
がん，心臓病，脳卒中，糖尿病など，生活習慣によって引き起こされる病気。

❷心臓病
生活習慣病の1つ。狭心症や心筋梗塞などがある。

❸脳卒中
生活習慣病の1つ。脳梗塞や脳出血などがある。

❹糖尿病
生活習慣病の1つ。血液中のブドウ糖の量が異常に多くなる病気。血管に負担がかかり，いろいろな病気につながる。

❺がん
正常な細胞が傷ついて変化し，無秩序に増殖して器官の働きを壊す病気。

❻がん検診
がんの予防や進行を防止するために受診するもの。

✏テストに出る！ ココが要点

1 生活習慣病とその予防

(1) (**❶**　　　　　　　)…**生活習慣**によって引き起こされる病気。日本人の死因の上位を占める，**がん，心臓病，脳卒中**など。

● 原因…食生活の乱れ，運動不足，睡眠不足，ストレス，飲酒，喫煙，口腔内の不衛生など。

(2) いろいろな生活習慣病

● **動脈硬化**…脂肪のとりすぎや運動不足などにより，血管が硬くもろくなった状態。

● **高血圧**…塩分のとりすぎやストレスなどにより，動脈にかかる圧力が異常に高くなった状態。

● (**❷**　　　　　　)…心臓の血管が狭くなる**狭心症**や，心臓の血管が詰まる**心筋梗塞**など。

● (**❸**　　　　　　)…脳の血管が詰まる**脳梗塞**や，脳の血管が破れる**脳出血**など。

● (**❹**　　　　　　)…エネルギーのとりすぎ，運動不足，肥満などにより，血液中のブドウ糖の量が異常に多くなる病気。

● **歯周病**…口腔内の不衛生，砂糖のとりすぎ，喫煙などにより，歯肉の炎症が起こり，歯を支える骨が溶けたり，歯を失ったりすることがある病気。

(3) 生活習慣病の予防…健康によい**生活習慣**を身に付けて発病を予防すること，定期的に検査を受けて，**早期発見・早期治療**に努めることが重要である。

2 がんとその予防

(1) (**❺**　　　　　　)…正常な細胞の遺伝子が傷つき，がん細胞に変化することによる病気。

● 原因…主に**生活習慣，細菌・ウイルス**など。長生きも原因の1つ。

(2) がんの予防

● **禁煙，節酒**，食生活の見直し，適切な運動など，健康によい生活習慣を身に付ける。

● 細菌やウイルスへの感染が明らかになれば，**除菌**する。

● 健康診断や(**❻**　　　　　)を受診し，早期発見・早期治療に努める。

3 喫煙，飲酒と健康 ⭐

(1) たばこの煙に含まれる主な有害物質

- (**❼**   )…血管を収縮させ，血圧が上昇する。強い依存性(いぞんせい)がある。
- <u>タール</u>…多くの発がん性物質を含む。
- <u>一酸化炭素</u>…酸素の運搬(うんぱん)能力を低下させる。

(2) 喫煙の健康への影響

- (**❽**   )…喫煙者がたばこから直接吸い込む煙。
- <u>副流煙(ふくりゅうえん)</u>…たばこの先から出る煙。
- <u>受動喫煙(じゅどうきつえん)</u>…喫煙者の近くにいる人が，副流煙や喫煙者が吐(は)き出す煙を吸い込むこと。
- **依存性**があり，長期間喫煙を続けるとがんなどの病気にかかりやすくなる。

(3) 飲酒による影響…酒類の主成分である(**❾**   )は，思考力，自制心，運動機能などを低下させる。

- 短時間に大量の酒を飲むと，<u>急性アルコール中毒</u>を起こし，死に至ることもある。
- 依存性があり，(**❿**   )になることがある。また，過度な飲酒はさまざまな病気にかかりやすくなる。

4 薬物乱用と健康 ⭐

(1) 薬物乱用…**有機溶剤(ゆうきようざい)**，(**⓫**   )，**大麻(たいま)**などを不正に使用することや，医薬品を医療(いりょう)の目的から外れて使用すること。

- 薬物は**脳**に直接作用するため，心身に悪影響を及ぼす。
- **依存性**があり，自分の意思ではやめられなくなる。その結果，心身の健全な発育や人格の形成を強く妨(さまた)げる。
- 個人の心身や生活だけでなく，家庭や地域社会全体にも大きな悪影響を及ぼす。

(2) <u>ドーピング</u>…医薬品をスポーツの競技力を高めるために使用する行為。心身に悪影響を及ぼすことや，公平・公正な競技を妨げることから禁止されている。

5 喫煙，飲酒，薬物乱用のきっかけと対処 ⭐

(1) 喫煙，飲酒，薬物乱用のきっかけ

- <u>個人</u>の要因…本人の知識，対処能力，心理状態など。
- (**⓬**   )の要因…周囲からの誘(さそ)い，テレビでの宣伝・広告，入手のしやすさなど。

(2) 対処…周囲からの誘いがあっても，はっきりと断る意思と勇気をもつことが必要である。

満点◎ミッション

❼ニコチン
たばこの煙に含まれる有害物質の1つ。強い依存性があり，血管を収縮させる。

❽主流煙(しゅりゅうえん)
喫煙者がたばこから直接吸い込む煙。

❾アルコール
酒類の主成分。肝臓(かんぞう)で分解されるが，その能力には限界と個人差がある。

❿アルコール依存症
多量の飲酒を続けることにより，アルコールなしではいられなくなる病気。

⓫覚醒剤(かくせいざい)
薬物の1つ。使用すると幻覚や妄想が現れる。1回の使用でも死に至ることがある。

⓬社会的環境の要因
喫煙，飲酒，薬物乱用のきっかけの1つ。周囲からの誘いや入手のしやすさなど。

予想問題 3章 健康な生活と病気の予防(2)

⏱ 30分

/100点

1 右の図は，日本人の死因を表したものである。これについて，次の問いに答えなさい。

4点×4〔16点〕

(1) 日本人の死因の上位を占める病気の多くは，生活習慣と関係が深い。このような病気を何というか。

( )

(2) 日本人の死因の上位を占める，生活習慣と関係が深い病気を3つ答えなさい。
( )
( )
( )

日本人の死因(2018年)

その他 34.5%
27.4%
全国合計 1,362,470人
15.3%
6.9%
7.9%
老衰 8.0%
肺炎

(厚生労働省「人口動態統計」より)

2 よく出る 次の図は，不適切な生活習慣の例を表したものである。これについて，あとの問いに答えなさい。

4点×8〔32点〕

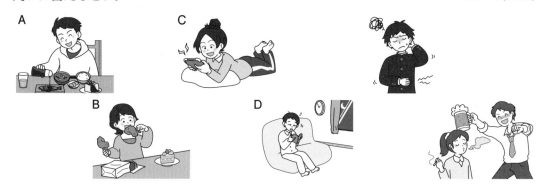

A
C
B
D

(1) A，Bはそれぞれ食事によって何をとりすぎている様子を表しているか。
A ( )
B ( )

(2) C，Dはそれぞれ何が不足している様子を表しているか。
C ( )
D ( )

(3) 不適切な生活習慣は，動脈硬化や高血圧につながり，ある病気のもとになる。この病気を次の〔 〕から2つ選びなさい。
( )
( )

〔 歯周病 心臓病 糖尿病 脳卒中 〕

(4) 不適切な生活習慣は，血液中のブドウ糖の量が異常に多くなる病気につながる。この病気を何というか。(3)の〔 〕から選びなさい。 ( )

(5) 口腔内の不衛生などは，歯肉の炎症を起こし，進行すると歯を支える骨が溶けたり，歯を失ったりする病気につながる。この病気を何というか。(3)の〔 〕から選びなさい。
( )

3 生活習慣病の予防について，正しいものに○，誤っているものに×を書きなさい。

4点×8〔32点〕

① (　　　) 未成年は生活習慣病にならない。
② (　　　) 生活習慣病の多くは，初期段階から自覚症状が出る。
③ (　　　) 適度な運動は，健康増進や発病予防に効果的である。
④ (　　　) 十分な休養・睡眠は，健康増進や発病予防に効果的である。
⑤ (　　　) 個人の取り組みを支援するため，社会的環境の整備が進められている。
⑥ (　　　) 子どもの頃から健康的な生活習慣を身に付け，その習慣を続けることが大切である。
⑦ (　　　) メタボリックシンドローム(内臓脂肪症候群)になると生活習慣病を引き起こす危険性が高まるため，健診が行われている。
⑧ (　　　) 定期的な健康診断の受診が，生活習慣病の早期発見・早期治療につながることはない。

4 次の問いに答えなさい。

4点×5〔20点〕

(1) 正常な細胞の遺伝子が傷ついて変化し，勝手に増殖して器官の働きを侵してしまう病気を何というか。　(　　　　　　　　　)

(2) 次のうち，(1)の病気の予防方法として適切なものを全て選びなさい。
　　(　　　　　　　　　)

　ア　毎日たばこを吸うようにする。
　イ　他人が吸うたばこの煙をできるだけ避けるようにする。
　ウ　毎晩たくさんの酒を飲むようにする。
　エ　塩分をとりすぎないような食生活を送る。
　オ　野菜不足にならないような食生活を送る。
　カ　生活の中に運動の習慣を取り入れるようにする。
　キ　できるだけ体重を減らし，痩せの状態になるようにする。

(3) (1)の病気の主な原因は，生活習慣と何か。　(　　　　　　　　　)

(4) (1)の病気の予防や進行の防止のためには，定期的に何を受けることが有効か。
　　(　　　　　　　　　)

(5) (1)の病気の治療法について，次から正しいものを全て選びなさい。
　　(　　　　　　　　　)

　ア　現在では，手術を受ける治療，放射線治療，抗がん剤による治療など，いろいろな治療方法がある。
　イ　治療方法は医師の判断で決定されるため，患者は希望する治療方法を選ぶことができない。
　ウ　早期発見・早期治療により，回復したり，進行を食い止めたりすることができるようになってきている。

予想問題 3章 健康な生活と病気の予防(2)

⏱ 30分

/100点

1 **よく出る** 喫煙と健康について，次の問いに答えなさい。 3点×12〔36点〕

(1) たばこの煙の中の主な有害物質について，次の表の（ ）に当てはまる語句を書きなさい。ただし，④〜⑥は下の〔 〕から選びなさい。

①( ) ②( ) ③( )
④( ) ⑤( ) ⑥( )

有害物質	主な悪影響
（ ① ）	血管を収縮させ，血圧が上昇する。（ ④ ）がある。
（ ② ）	（ ⑤ ）物質を多く含む。肺に付着して，肺の働きを低下させる。
（ ③ ）	ヘモグロビンと結びつき，（ ⑥ ）の運搬能力を低下させる。

〔 依存性 酸素 発がん性 〕

(2) 喫煙者がたばこから直接吸い込む煙を何というか。 ( )

(3) たばこの先から出る煙を何というか。 ( )

(4) (3)に含まれる(1)の表にある有害物質の量は，(2)に比べて多いか，少ないか。

( )

(5) 喫煙者の周りにいる人が，(3)や喫煙者が吐き出した煙を吸い込むことを何というか。

( )

(6) (5)のことを防止するために，公共施設や飲食店などではどのような対策がとられているか。1つ書きなさい。 ( )

記述 (7) 20歳未満の喫煙が禁止されているのはなぜか。理由を1つ書きなさい。

( )

2 飲酒と健康について，次の問いに答えなさい。 3点×8〔24点〕

(1) 酒類の主成分は何か。 ( )

(2) (1)は主に体内のどの臓器で分解されるか。 ( )

(3) (1)を分解する能力には，個人差や限界があるか。

個人差( ) 限界( )

(4) (1)の作用により，事故や事件を起こしやすくなることがあるか。 ( )

(5) 一度に大量の酒を飲むと，死に至ることがある。この症状を何というか。

( )

(6) 多量の飲酒を続けると，飲酒をやめたくてもやめられず，全身の器官に悪影響が出たり，仕事や人間関係などに支障をきたしたりすることがある。アルコールなしではいられなくなるこの症状を何というか。 ( )

記述 (7) 20歳未満の飲酒が禁止されているのはなぜか。理由を1つ書きなさい。

( )

3 薬物乱用について，次の問いに答えなさい。　　　　　　　　3点×9〔27点〕

(1) **よく出る** 次の文の（　）に当てはまる語句を，下の〔　　〕から選びなさい。

①（　　　　　　　） ②（　　　　　　　） ③（　　　　　　　）

④（　　　　　　　） ⑤（　　　　　　　）

> 　薬物乱用とは，不正な（　①　）を使用したり，（　②　）を医療の目的から外れて使用したりすることをいう。（　③　）の使用で乱用という。
>
> 　薬物は（　④　）に直接作用する。また，（　⑤　）があるため，乱用すると，自分の意思ではやめることができなくなる。

〔　1回　　2回以上　　10回以上　　医薬品
　　薬物　　脳　　心臓　　依存性　　　　　　〕

(2) 覚醒剤について，次から正しいものを全て選びなさい。　　　（　　　　　　　）

ア　乱用すると，体が痩せ衰える。

イ　1回使用しただけでは死に至ることがない。

ウ　危険であることなどを隠すために，別名で呼ばれていることもある。

エ　乱用をやめてしばらくたった後に，突然フラッシュバック現象が起こることがある。

(3) 大麻について，次から正しいものを全て選びなさい。　　　（　　　　　　　）

ア　乱用すると，幻覚や妄想が現れる。

イ　乱用すると，生殖機能が向上する。

ウ　乱用すると，白血球の数が減少したり，免疫力が低下したりすることがある。

エ　乱用すると，思考力が低下する。

記述 (4) 薬物乱用は，社会にどのような悪影響を及ぼすか。2つ答えなさい。

（　　　　　　　　　　　　　　　　　　　　　　　　　　　　　　　）

（　　　　　　　　　　　　　　　　　　　　　　　　　　　　　　　）

4 喫煙，飲酒，薬物乱用のきっかけについて，正しいもの全てに○を書きなさい。

〔13点〕

①（　　）喫煙，飲酒，薬物乱用の開始には，本人の心理状態は関係しない。

②（　　）喫煙，飲酒の開始には，テレビなどでの飲酒や喫煙のシーン，広告も影響している。

③（　　）喫煙，飲酒，薬物乱用をしないためには，勧められたときにはっきりと断る強い意思をもつことが必要である。

④（　　）喫煙，飲酒，薬物乱用をしないために，それらの害を理解し，好奇心や何となくといった気持ちで手を出してしまうことがないようにする。

⑤（　　）喫煙，飲酒の対策として，警告表示は行われているが，罰則の強化は行われていない。

⑥（　　）薬物乱用の対策として，法律の整備や取り締まりの強化が行われている。

4章 傷害の防止

❶交通事故
中学生の事故死の原因の中で，水難事故とともに上位を占める事故。

❷人的要因
傷害の要因のうち，危険な行動や不安定な心身の状態などのこと。

❸環境要因
傷害の要因のうち，危険な物や場所，自然の悪条件などのこと。

❹車両要因
交通事故の要因のうち，車両の欠陥や整備不良，車両の特性などのこと。

❺交通法規
交通安全に関する法律。

❻交通環境
信号機や道路標識の設置，交通規制の実施など。交通事故を防ぐためには，この整備が必要。

> 事故や犯罪が起こりやすい場所，場面について，どのように危険を回避すればよいか考えよう。

テストに出る！ **ココが要点**

1 傷害の原因

(1) 中学生の事故による死亡…(❶　　　　　　　)や水難事故による死亡が多い。

(2) 学校での事故…体育的部活動や体育授業での事故が多い。

▼10〜14歳の事故死（2018年）
合計65人
交通事故 44.6%
水難事故 27.7%
窒息 9.2%
転倒など 4.6%
その他 13.9%
（厚生労働省「人口動態統計」より）

▼中学校での傷害・疾病（2018年度）
中学校 318,734件
体育的部活動 49.5%
教科（保健体育）24.6%
8.7%
休み時間 その他 17.2%
（日本スポーツ振興センター「学校の管理下の災害〔令和元年度版〕」より）

(3) 傷害の要因
- (❷　　　　　　)…危険な行動や不安定な心身の状態など。
- (❸　　　　　　)…危険な物や場所，自然の悪条件など。

2 交通事故の原因と防止

(1) 交通事故の要因…中学生は，自転車乗用中の交通事故が多い。人的要因，環境要因だけでなく，車両の欠陥や整備不良，車両の特性などの(❹　　　　　　)もある。

(2) 交通事故の防止
- (❺　　　　　　)を守り，安全に行動する。
- 車両の特性を知り，危険予測をして行動する。
- 信号機の設置，道路の整備など，(❻　　　　　　)を整備する。
- 車両の点検・整備をする。

3 犯罪被害の防止

(1) 犯罪被害の予測と回避
- 犯罪が起こりやすい場所や場面には近づかない。
- 身に危険が迫ったときは，逃げる，大声を出す，防犯ブザーを鳴らすなど，状況に応じて適切な行動をとる。

▼犯罪被害発生場所（2018年）

中学生	駐車場・駐輪場 35.3%	共同住宅 18.8%	一戸建住宅 13.9%	道路上 12.5%	その他 16.7%

学校 2.8%

小学生	共同住宅 25.5%	駐車場・駐輪場 18.8%	一戸建住宅 16.2%	道路上 13.9%	都市公園 9.1%	その他 16.5%

（警察庁資料より）

4 自然災害

(1) <u>自然災害</u>…地震や台風，大雨，大雪などの自然現象による被害。

(2) 地震による災害
- 家屋の倒壊，家具の転倒，器物の落下などの<u>一次災害</u>によって死傷者が出ることがある。
- 地震に伴って起こる津波，土砂崩れ，地割れ，火災などの（**❼** 　　　　　　　　）によっても死傷者が出ることがある。

(3) 自然災害による傷害の防止
- <u>日頃</u>から備える。（避難場所や避難経路の確認，防災訓練など）
- 正しい情報（防災情報や緊急地震速報，テレビやラジオの情報など）を得て，落ち着いて素早く安全に行動する。

5 応急手当

(1) （**❽** 　　　　　　　　）…けが人や病人が発生したとき，近くにいる人が行う一時的な手当のこと。

(2) 応急手当の目的
- 痛みや不安を和らげる。
- けがや病気の悪化を防ぐ。
- 治療の効果を高める。

(3) 応急手当の基本
- 傷病者に反応があるかどうかを確認する。
- 反応がなければ<u>助けを求める</u>。（<u>119番</u>通報，<u>AED</u>依頼）
- <u>胸骨圧迫</u>や<u>人工呼吸</u>などの（**❾** 　　　　　　　　）を行う。

```
傷病者を発見                    ▼応急手当・
   ↓                              心肺蘇生
安全の確認                        の流れ
   ↓
反応の確認 ──→ 安静・観察
反応なし    反応あり
   ↓
助けを求め，
119番通報，
AED依頼
   ↓
呼吸の観察 ──→ 様子をみる
呼吸なし  呼吸あり
   ↓
心肺蘇生
（胸骨圧迫）
   ↓
AED装着
   ↓
心電図解析 ──→ 直ちに
電気ショック     胸骨圧迫
は必要か？ 必要なし から再開
必要あり↓
電気ショックを
1回，その後
直ちに胸骨圧迫
から再開
```

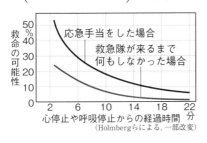

救命の可能性（％）／心停止や呼吸停止からの経過時間（分）
応急手当をした場合／救急隊が来るまで何もしなかった場合
（Holmbergらによる，一部改変）

- 死戦期呼吸（しゃくり上げるような不規則な呼吸）のときも，心肺蘇生を行う。

(4) 大量の出血がある場合には，すぐに<u>止血</u>を行う。
- （**❿** 　　　　　　　　）<u>法</u>…患部を強く押さえる止血法。

(5) 骨折や捻挫の疑いがある場合には，患部を<u>固定</u>する。

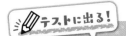

予想問題　4章　傷害の防止

30分

/100点

1 傷害の原因について，次の問いに答えなさい。　　　4点×5〔20点〕

(1) 図1は，10〜14歳の事故死の内訳を表したものである。A，Bはどのような事故か。次から2つ選びなさい。　（　）（　）
　　ア　水難事故　　イ　窒息　　ウ　交通事故

(2) 図2は，中学校での傷害・疾病の内訳を表したものである。C，Dはそれぞれどのようなときに起こった事故か。次から選びなさい。
　　C（　　）　D（　　）
　　ア　休み時間　　　　イ　学校行事
　　ウ　体育的部活動　　エ　保健体育の授業

(3) 傷害の要因には，人的要因と環境要因がある。人的要因の例を次から全て選びなさい。
　　（　　　　　　　　　）
　　ア　注意事項を守らない　　イ　焦って行動する　　ウ　滑りやすい場所
　　エ　大雨や大雪　　オ　暗い場所　　カ　別のことに夢中になる

図1　10〜14歳の事故死（2018年）

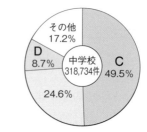

| A 44.6% | B 27.7% | その他 27.7% |

（厚生労働省「人口動態統計」より）

図2　中学校での傷害・疾病（2018年度）

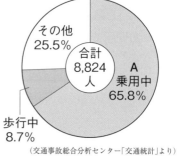

その他 17.2%　D 8.7%　中学校 318,734件　C 49.5%　24.6%

（日本スポーツ振興センター「学校の管理下の災害［令和元年度版］」より）

2 **よく出る** 交通事故の原因について，次の問いに答えなさい。　4点×8〔32点〕

(1) 右の図は，13〜15歳の交通事故負傷者の状態別割合を表したものである。Aに当てはまる語句を書きなさい。
　　（　　　　　　　　　）

(2) 中学生の自転車事故の原因について，上位の2つを次から選びなさい。（　）（　）
　　ア　信号無視　　イ　一時不停止　　ウ　前方不注意
　　エ　交差点進行義務違反　　オ　安全不確認

(3) 交通事故の発生要因には，人的要因，環境要因の他に何という要因があるか。（　　　　　　　）

記述 (4) 二輪である自転車では，特に速度が遅いときに，どのような危険が起こりやすいか。
　　（　　　　　　　　　　　　　　　　　　　　　　　）

(5) 危険を察知してからブレーキがきき始めるまでに車が走る距離を何というか。
　　（　　　　　　　　　　）

(6) ブレーキがきき始めてから車が止まるまでに走る距離を何というか。
　　（　　　　　　　　　　）

(7) 自動車の特性で，運転者から見えない部分を何というか。（　　　　　　　）

13〜15歳の交通事故負傷者の状態別割合（2019年）

その他 25.5%　合計 8,824人　A 乗用中 65.8%　歩行中 8.7%

（交通事故総合分析センター「交通統計」より）

3 交通事故の防止について，次の問いに下の〔　　〕から選んで答えなさい。　4点×5〔20点〕

(1)　人的要因による交通事故を防ぐためには，何を守って安全に行動することが必要か。
（　　　　　）

(2)　自動車の後輪と前輪が通る位置の違いを何というか。（　　　　　）

(3)　交通事故を防ぐためには，(2)などの車両の特性を知り，何を行うことが大切か。
（　　　　　）

(4)　車両要因による交通事故を防ぐため，自転車に乗車する前に何を行うか。
（　　　　　）

(5)　交通事故を防ぐために国や地方自治体が中心となって進めているのは，何の整備か。
（　　　　　）

〔　危険予測　　交通環境　　交通法規　　内輪差　　車両の点検　〕

4 犯罪被害の防止について，次の問いに答えなさい。　4点×4〔16点〕

(1)　右の図は，中学生の犯罪被害発生件数の割合を場所別に表したものである。Aはどのような場所か。（　　　　　）

中学生の犯罪被害発生場所
(2018年)

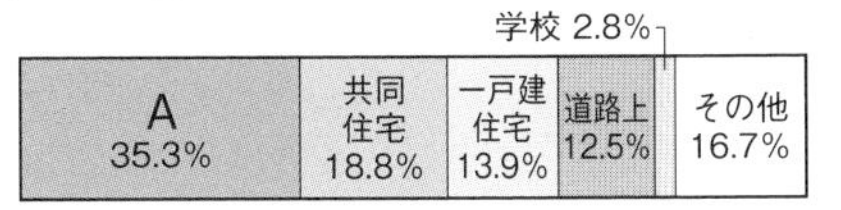

学校 2.8%
A
35.3%
共同住宅
18.8%
一戸建住宅
13.9%
道路上
12.5%
その他
16.7%

（警察庁資料より）

(2)　犯罪の起こりやすい場所を，次からすべて選びなさい。（　　　　　）

ア　街灯の少ない場所　　**イ**　人通りの多い場所　　**ウ**　周囲から見えやすい場所

エ　人が入りにくい場所　　**オ**　落書きやごみが放置されている場所

記述　(3)　身に危険が迫ったときは，危険を回避するためにどのような行動をとればよいか。2つ書きなさい。

（　　　　　　　　　　　　　　　　　　　）
（　　　　　　　　　　　　　　　　　　　）

記述　**5**　よく出る　次の図の場面では，どのような危険が起こる可能性があるか。それぞれ答えなさい。　6点×2〔12点〕

①（　　　　　　　　　　　　　　　　　　　）
②（　　　　　　　　　　　　　　　　　　　）

暗い道を，音楽を聞きながら歩く

②

車の中から声をかけられた

＠ポイント攻略！　事故や犯罪を防ぐために地域で行われている活動を調べてみよう。➡ **5**

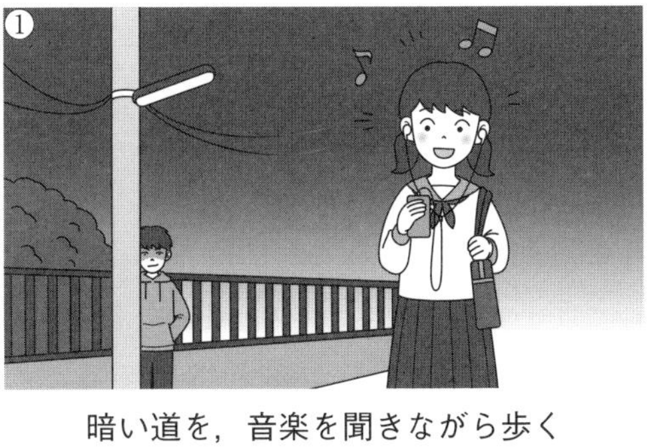

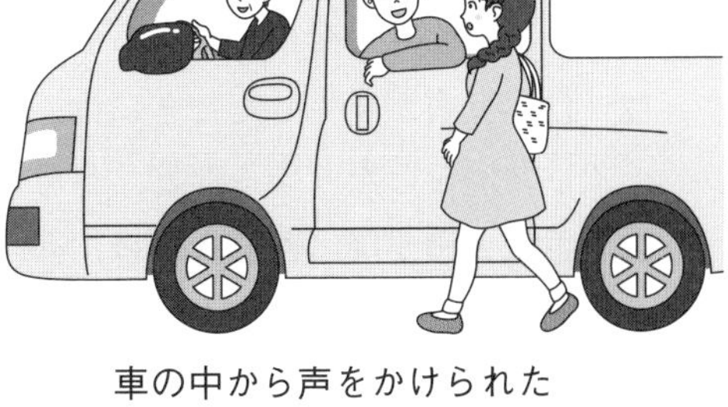

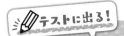

予想問題 4章 傷害の防止

⏱30分

/100点

1 自然災害について，次の問いに答えなさい。　　　　　　　　　　　　6点×8〔48点〕

(1) 自然災害には，地震の他にどのようなものがあるか。1つ書きなさい。

（　　　　　　　　　）

(2) 地震が発生したときについて，次の文の（　　）に当てはまる語句を書きなさい。

①（　　　　　　　　　）②（　　　　　　　　　）

> 地震による家屋の倒壊，家具の転倒，器物の落下などの（ ① ）によってだけでなく，津波や土砂崩れ，火災などの（ ② ）によっても死傷者が出ることがある。

記述 (3) 次の図のような場所で地震が起きたとき，どのような行動をとればよいか。それぞれ簡単に書きなさい。

①（　　　　　　　　　　　　　　　　　　　　　　　　　　　　　）
②（　　　　　　　　　　　　　　　　　　　　　　　　　　　　　）

海岸付近

路地

(4) 大きな揺れが予想されるときに気象庁から出される速報を何というか。

（　　　　　　　　　）

(5) 大きな災害にあい，心に大きな傷を受けることで深刻な影響が長く続くことを，アルファベット4文字で何というか。

（　　　　　　　　　）

(6) 自然災害による傷害の防止について，次から正しいものを全て選びなさい。

（　　　　　　　　　）

ア 自然災害はいつ，どこで発生するかわからないので，日頃から災害に備えておく必要はない。

イ 自然災害が発生したときには，テレビやラジオなどで正しい情報を入手し，落ち着いて，素早く，安全に行動する必要がある。

ウ 自然災害が発生したときには，率先して避難したり，周囲に避難を促したり，避難所で手助けをしたりするなど，自分にできることを進んで行うことが期待される。

エ 急に大雨が降ったときには川が氾濫することがあるので，氾濫の危険性がないか自分の目で確かめることが大切である。

オ 雷の兆候が見られたときには，すぐに建物や自動車の中に避難する。

2 **よく出る** 応急手当について，次の問いに答えなさい。 4点×7〔28点〕

(1) 応急手当の目的について，次の文の（ ）に当てはまる語句を書きなさい。

①（ ） ②（ ）

> ●傷病者の（ ① ）を和らげる。
> ●傷病の（ ② ）を防ぐ。
> ●治療の効果を高める。

(2) 心肺蘇生の流れについて，次のア〜キを正しい順に並べなさい。

（ → → → → → → ）

ア 傷病者を発見する。

イ 周囲に助けを求める。

ウ 機器を装着し，心電図の解析，電気ショック，胸骨圧迫を繰り返す。

エ 周囲の安全を確認する。

オ 肩をたたいて声をかけ，反応を見る。

カ 心肺蘇生（胸骨圧迫）を行う。

キ 呼吸をしているかどうかを確認する。

(3) (2)のイで，何番に電話して通報するか。 （ ）

(4) (2)のウで使用する，心臓を正常な状態に戻すための機器をアルファベット3文字で何というか。 （ ）

(5) (2)のカで，成人に対する胸骨圧迫の行い方について，次の文の（ ）に当てはまる数値を書きなさい。 ①（ ） ②（ ）

> ●胸が約（ ① ）cm沈むように圧迫する。
> ●1分間に（ ② ）回の速さで行う。

3 けがの手当の仕方について，次の問いに答えなさい。

4点×6〔24点〕

(1) 出血が多いときに患部に行う図1の手当を何法というか。 （ ）

(2) 骨折や捻挫が疑われるときなどに患部を固定する，図2の手当を何法というか。 （ ）

(3) 捻挫などが起きたときの手当には，RICE法というものがある。R, I, C, Eはそれぞれ何を表すか。下の〔 〕から選びなさい。

R（ ） I（ ）

C（ ） E（ ）

〔 圧迫 安静 挙上 冷却 〕

図1

図2

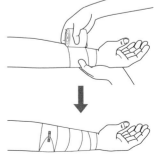

3年 体育編

3章 文化としてのスポーツ

❶スポーツ基本法
スポーツを振興するために，2011年に国が制定した法律。

❷スポーツ基本計画
スポーツ基本法の考え方を実現するために2012年に定められた具体的な計画。

❸健やかな心身
スポーツによって培われるもの。体力の維持向上やストレスの軽減など。

❹国際親善
国際的なスポーツ大会の役割の1つ。世界中の人々が関わり合う中で果たされている。

❺世界平和
国際的なスポーツ大会の役割の1つ。相互理解が深まる中で期待されている。

❻メディア
テレビやインターネットなど。スポーツの魅力を世界中に伝えている。

テストに出る！ ココが要点

① スポーツの文化的意義

(1) スポーツを振興するために，日本では，2011年に制定された（**❶**　　）に基づいて，（**❷**　　）計画が定められている。各自治体では，これらに基づいて**スポーツ推進計画**を策定している。

(2) スポーツの文化的意義
- （**❸**　　）をもたらす…体力を維持・向上させる，生活習慣病の危険性を減らす，ストレスを軽減させるなど。
- **豊かな交流**をもたらす…共通の話題となる，仲間と協力しながらプレイする，イベントに参加するなど。
- **自己開発の機会**をもたらす…新たな自分に気づく，自信がつく，新たな目標を得るなど。

② 国際的なスポーツ大会

(1) 国際的なスポーツ大会…**オリンピック・パラリンピック競技大会，世界選手権大会，ワールドカップ**などがある。

(2) 国際的なスポーツ大会の役割
- （**❹**　　）…選手，スタッフ，観客，参加国の関係者など，世界中の人々が関わり合い，交流したり学んだりしている。
- （**❺**　　）…相互理解の深まりにより，実現が期待される。「オリンピック休戦」も呼びかけられている。

(3) スポーツの魅力の広がり…スポーツ大会の様子は，テレビやインターネットなどの（**❻**　　）を通して世界中に伝えられている。

③ 人々を結び付けるスポーツ

(1) 人々を結び付けるスポーツ…スポーツを行うことや，スポーツを通して交流することなどにより，人々が結び付いている。

(2) 違いを超えるスポーツ…国籍，年齢，性，障害の有無など，さまざまな違いを超えて交流することができる。

いろいろと工夫すれば，違いを超えて一緒にスポーツを楽しむことができるよ。

予想問題 **3章 文化としてのスポーツ**

⏱20分

/100点

1 **よく出る** スポーツの文化的意義について，次の問いに答えなさい。　8点×5〔40点〕

(1) 現代の生活におけるスポーツの文化的意義について，次の文の（　）に当てはまる語句を書きなさい。　①（　　　　　　　）　②（　　　　　　　）　③（　　　　　　　）

- 健やかな（ ① ）を育成する。
- 伸びやかな（ ② ）の機会を提供する。
- 豊かな（ ③ ）を生み出す。

(2) 日本で2011年に制定され，前文に「スポーツは，世界共通の人類の文化である」と書かれている法律を何というか。　（　　　　　　　　　　）

(3) (2)に基づいて，2012年に国が定めた計画を何というか。
（　　　　　　　　　　）

2 国際的なスポーツ大会の役割について，次の問いに答えなさい。　8点×4〔32点〕

(1) 国際的なスポーツ大会が果たす役割について，次の文の（　）に当てはまる語句を書きなさい。　①（　　　　　　　）　②（　　　　　　　）

- （ ① ）を深める。
- （ ② ）を実現する。

(2) 第1回夏季オリンピック大会が開催された都市はどこか。　（　　　　　　　　　　）

(3) 次のうち，正しいものを全て選びなさい。　（　　　　　　　　　　）

　ア オリンピック・パラリンピック開催期間は休戦が呼びかけられていて，国際連合もこの呼びかけを支持している。

　イ 国際的なスポーツ大会の様子は，メディアの発達によって世界中に伝えられるようになった。

　ウ スポーツの意義や価値は，メディアを通して世界中に伝えることができない。

　エ 開催地では，諸外国から訪れた人々との交流が生まれ，相互理解が深まる。

3 スポーツがもつ働きについて，正しいものに○，誤っているものに×を書きなさい。

7点×4〔28点〕

①（　　）「スポーツ」という言葉は，世界中で通用する言葉である。

②（　　）スポーツには，人々を結び付ける働きがある。

③（　　）スポーツは，民族や国，人種，地域などの違いを超えて共通の経験を味わうことができるが，性別の違いや障害の有無を超えて一緒に行うことはできない。

④（　　）スポーツを通して，さまざまな職業の人々がつながることがある。

3年 保健編

5章 健康な生活と病気の予防(3)

満点⊕ミッション

❶感染症
細菌やウイルスなどの病原体に感染することで起こる病気。インフルエンザなど。

❷感染源〔発生源〕
病原体を保有する人や動物，病原体に汚染されたものなどのこと。

❸感染経路
病原体がうつる道筋のこと。

❹免疫
体の抵抗力の1つ。ワクチンが開発されている感染症では，予防接種によってつけることができる。

❺性感染症
性的接触によって感染する病気。

❻HIV
ヒト免疫不全ウイルス。エイズの原因となるウイルスで，潜伏期間が長い。

✎テストに出る！ ココが要点

1 感染症とその予防

(1) (**❶**　　　　　　　)…**病原体**の感染によって起こる病気。

● **感染**…病原体が体内に侵入して定着・増殖すること。

● **発病**(発症)…感染の結果，体に発熱などの症状が出ること。

● 例…結核，麻疹(はしか)，インフルエンザ，風疹，ノロウイルス感染症，コレラ，マラリアなど。

(2) 感染症の予防方法

● (**❷**　　　　　　　)をなくす
…病原体に汚染されたものの消毒・滅菌，患者の隔離や検疫，病原体を保有する動物の駆除など。

● (**❸**　　　　　　　)を断つ
…手洗い，うがい，マスク，換気など。

● **体の抵抗力**を高める
…予防接種を受けて(**❹**　　　　　　)という抵抗力をつける，十分な栄養と休養をとる，規則正しく生活するなど。

(3) 感染症の治療と回復…予防をしていても感染することがある。そのときは，回復のためにも，周囲に感染を広げないためにも，早期に適切な治療を受けることが重要である。

2 性感染症とその予防

(1) (**❺**　　　　　　　)…**性的接触**によって感染する病気。

● 例…性器クラミジア感染症，りん菌感染症，性器ヘルペスウイルス感染症，梅毒など。

● 予防法…性的接触をしない。コンドームを正しく使用する。

● 自覚症状がほとんどなく，本人も感染に気づかないうちに他の人に感染させることがある。検査によって早期発見・早期治療をすることが重要である。

(2) エイズ…(**❻**　　　　　　)に感染することによって起こる病気。**免疫**の働きが低下し，感染症にかかりやすくなる。

● 感染経路…**性的接触**による感染，**血液**による感染，**母子感染**。

● 予防法…性的接触をしない，コンドームを正しく使用する，他人の血液に触れないなど。

● 検査によって早期に発見し，早期に治療を始めることが重要である。

3 保健・医療機関とその利用 ★

(1) (❼　　　　　　　　　)機関…健康の保持増進，病気の予防のための役割を担う。

- 保健所…都道府県や政令市が運営。食中毒や感染症の対策などを行う。
- 保健センター…市町村などが運営し，健康診断，予防接種，健康相談などを行う。

(2) (❽　　　　　　　　　)機関…規模や設備などによって役割を分担している。

- 診療所(クリニック)…身近なかかりつけ医として，日常的な病気やけがの診療を行う。
- 病院…専門的な治療や入院などが必要なときに，かかりつけ医の紹介を受けて利用する。

4 医薬品の有効な使い方 ★

(1) 医薬品の作用

- (❾　　　　　　　　　)…期待される，効果的な作用。
- (❿　　　　　　　　　)…本来の目的とは異なる作用。使う人の体質や病気の状態，使用方法などによって，異なった現れ方をする。

(2) 医薬品の使い方…使用回数，使用時間，使用量などの
(⓫　　　　　　　　　)を守って，正しく使う。

▼薬の飲み方

食後	食後30分以内
食間	食後2時間程度
食前	食前30分〜1時間

- お薬手帳…これまでに使用した薬などについて記録しておくもの。

5 健康を守る社会の取り組み ★

(1) 健康を守るための社会の取り組み

- (⓬　　　　　　　　　)法に基づき，健康診断，保健指導，健康教育などが行われている。
- 国では厚生労働省が，地域では保健所や保健センターが中心となって，人々の健康を守るためにさまざまな取り組みを行っている。
- 日本赤十字社などの民間団体や，世界保健機構などの国際機関もさまざまな保健活動を行っている。

満点ミッション

❼保健機関
都道府県などが運営する保健所と，市町村などが運営する保健センターがある。

❽医療機関
身近なかかりつけ医となる診療所と，かかりつけ医の紹介を受けて利用する病院などがある。

❾主作用
医薬品の本来の使用目的である作用。

❿副作用
医薬品の本来の使用目的とは異なる作用。

⓫使用方法
使用回数，使用時間，使用量など。

⓬健康増進法
健康増進のために国が定めた法律。

予想問題　5章　健康な生活と病気の予防⑶

⏱30分

/100点

1 よく出る 感染症とその予防について，次の問いに答えなさい。　　　3点×14〔42点〕

(1) 感染症について，次の文の(　　)に当てはまる語句を下の〔　　〕から選びなさい。

①(　　　　　　)　②(　　　　　　)

③(　　　　　　)　④(　　　　　　)

　細菌やウイルスなどの(　①　)が体の中に侵入し，増殖することを(　②　)という。

(　②　)によって症状が現れることを(　③　)，現れた病気を感染症という。(　②　)から

(　③　)までの期間を(　④　)という。

〔　感染　　潜伏期間　　発病　　病原体　〕

(2) 次の図は，感染症の予防法を表したものである。それぞれ何についての対策か。(　　)

に当てはまる語句を書きなさい。

①(　　　　　　)　②(　　　　　　)　③(　　　　　　)

(①)をなくす対策　　　　　(②)を断つ対策　　　　　(③)を高める対策

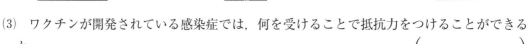

(3) ワクチンが開発されている感染症では，何を受けることで抵抗力をつけることができる

か。　　　　　　　　　　　　　　　　　　　　　　　　　(　　　　　　　　　　)

(4) (3)でつけることができる抵抗力を特に何というか。漢字2字で書きなさい。

(　　　　　　　　　　)

(5) 感染症について，正しいものに○，誤っているものに×を書きなさい。

①(　　　) インフルエンザは，インフルエンザウイルスによる感染症で，冬に多く発生

する。

②(　　　) 結核は，結核菌による感染症で，空気感染する。

③(　　　) 今まで知られていない新しい感染症が出現し，世界中に広がっていくことが

ある。

④(　　　) 人口密度や交通などの環境の条件は，感染症の発生にまったく関係していな

い。

⑤(　　　) 感染症の症状が出ているときに外出すると周囲に感染を広げてしまうので，

医師の診察を受けず，自宅で安静にする必要がある。

2 **よく出る** 性感染症について，次の問いに答えなさい。 4点×6〔24点〕

(1) 性感染症とは，何によって感染する病気のことか。 （　　　　　　　　）

(2) 性感染症について，次から正しいものを全て選びなさい。 （　　　　　　　　）

ア 発病しても，自覚症状がほとんどないものがある。

イ 気づかないうちに他の人に感染させてしまうことがある。

ウ 1度の性的接触では感染しない。

エ そのまま放置しておくと，自然と治る病気である。

オ 感染が疑われるときは，自分も相手も同時に治療を受ける必要がある。

(3) 性感染症の予防のためには，直接の接触を避けるために何を使用することが有効か。
（　　　　　　　　）

(4) HIVというウイルスに感染することで起こる病気を何というか。 （　　　　　　　　）

(5) (4)について，次から正しいものを2つ選びなさい。 （　　　）（　　　）

ア HIVは免疫の働きを向上させるので，(4)の病気を発病するとさまざまな感染症にかかりやすくなる。

イ ほとんどが性的接触による感染で，他に，血液による感染と母子感染がある。

ウ HIVの感染者は若い世代にはおらず，ほとんどが高齢者である。

エ 保健所などでは，HIVに感染しているかの検査を無料で受けることができる。

3 保健機関，医療機関，医薬品の利用について，次の問いに答えなさい。 4点×7〔28点〕

(1) 次の表の（　　）に当てはまる語句を書きなさい。

①（　　　　　　）　②（　　　　　　）　③（　　　　　　）　④（　　　　　　）

機関	施設例	役割の例
（①）機関	保健センター	健康相談，予防接種，健康診断
	（③）	食中毒や感染症への対応，飼い犬の登録
（②）機関	（④）医（身近な診療所など）	日常的な病気やけがの診療，健康相談
	総合病院	専門的な治療，手術や入院が必要な治療

(2) 医薬品を使用したときに期待される作用を何というか。 （　　　　　　　　）

(3) 医薬品を使用したときの，(2)以外の好ましくない作用を何というか。
（　　　　　　　　）

記述 (4) 医薬品はどのように使用することが大切か。簡単に書きなさい。
（　　　　　　　　　　　　　　　　　　　　　　　　　）

4 共に健康に生きる社会について，次の問いに答えなさい。 3点×2〔6点〕

(1) 健康を保持増進するためには，個人の努力とそれを支える社会的な活動が必要であるという考え方を何というか。 （　　　　　　　　）

(2) 国民の健康増進を目的として，国や地域，国民が取り組むべきことを定めた法律を何というか。 （　　　　　　　　）

3年 保健編

6章 健康と環境

❶適応能力
環境の変化に対応しようとする体の働き（能力）。暑さや寒さへの適応や高所への適応など。

❷熱中症
暑さに適応できずに起こる症状。目まいや大量の汗，頭痛，吐き気，けいれんなどの症状が現れ，死に至ることもある。

❸低体温症
寒さに適応できずに起こる症状。著しく体温が低下し，死に至ることもある。

❹温度
気温や気流とともに暑さや寒さの感じ方に関係する要素。高くなると汗が蒸発しにくくなり，体に熱がたまる。

❺至適温度
活動に適した温度の範囲。衣服や活動内容などによって異なり，個人差がある。

❻一酸化炭素
物が不完全燃焼したときに発生する，無色無臭の気体。体内に入ると中毒を起こし，死に至ることもある。

テストに出る！ ココが要点

1 環境の変化と適応能力

(1) <u>適応</u>…環境が変化したときに体がその変化に対応しようとすること。この働き（能力）を（❶　　　　　）という。

	適応の仕方	体の反応
暑いとき	熱の発生を抑える	筋肉を緩める。
	熱の放射を高める	皮膚の血管を広げる。汗を出す。
寒いとき	熱の発生を高める	筋肉が緊張し，体が震える。
	熱の放射を抑える	皮膚の血管を縮める。体を縮める。

(2) 体の適応能力には限界がある。

● （❷　　　　　）症…**暑さに体が適応できなくなる**と，かかることがある。

● （❸　　　　　）症…著しく**体温が低下**すると，かかることがある。

2 活動に適した環境

(1) 暑さや寒さの感じ方には，<u>気温</u>，（❹　　　　　），<u>気流</u>が関係している。体温を無理なく一定に保つことができる，活動に最も適した温度の範囲を（❺　　　　　）という。

(2) 明るさ…明るさが不十分でも，明るすぎても目が疲れる。学習や作業の種類に応じて明るさを調節する。

(3) 室内の空気

●<u>二酸化炭素</u>…呼吸や物の燃焼によって発生する。室内の空気の汚れを知る指標となる。

● （❻　　　　　）…物が**不完全燃焼**すると発生する。体内に入ると，**ヘモグロビン**と結合するために体が酸素不足になり，<u>一酸化炭素中毒</u>を引き起こす。

▼一酸化炭素の発生源の例

石油ストーブ　　　ガス給湯器　　　たばこの煙　　　自動車の排出ガス

●室内の空気をきれいに保つため，定期的に<u>換気</u>を行う。

(4) 水の役割

●体内での水分(体重の60～70%)の役割には，栄養物質や酸素の運搬，老廃物の排出，体温調節，血液の濃度調節などがある。

●体内の水分の約2%を失うと**脱水症状**が現れる。また，約20%を失うと死亡する。

1日に摂取する水分量 約2.5L	1日に排出する水分量 約2.5L
●飲料‥‥‥‥‥‥‥‥約1.2L ●食物中の水分‥‥‥‥約1L ●体内でできる水分‥‥‥約0.3L	●呼吸や汗‥‥‥‥‥‥約0.9L ●尿や便‥‥‥‥‥‥‥約1.6L （環境省資料より）

●飲料水は，<u>浄水場</u>で処理され，(❼ ＿＿＿＿＿＿＿)を満たしたものが供給されている。

3 生活排水とごみの処理 ★

(1) (❽ ＿＿＿＿＿＿＿)…し尿を含む水と台所や風呂から出される**生活雑排水**のこと。

▼生活排水の処理

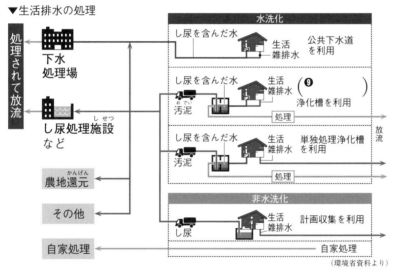

（環境省資料より）

(2) ごみの処理…環境や健康に悪影響を与えないように処理する必要がある。

(3) (❿ ＿＿＿＿＿＿＿)社会…限りある資源を有効に使う社会。ごみの**発生抑制**(リデュース)，**再使用**(リユース)，**再生利用**(リサイクル)を合わせた(⓫ ＿＿＿＿＿＿＿)の推進が求められている。

4 環境の汚染と保全 ★

(1) 環境の汚染…日本では，1950年代頃から環境汚染による(⓬ ＿＿＿＿＿＿＿)が発生し，問題となった。代表的なものに，水俣病，新潟水俣病，イタイイタイ病，四日市ぜんそくなどがある。

●現在では<u>環境基本法</u>が定められ，対策を行っている。

満点ミッション

❼水質基準
上水道の水を供給するときに満たす必要がある基準。化学物質や色，においなど，約50項目の基準があり，検査してから供給される。

❽生活排水
し尿を含む水と生活雑排水を合わせたもの。水質汚濁の原因となるので，衛生的に処理される必要がある。

❾合併処理浄化槽
し尿と生活雑排水を一緒に処理できる浄化槽。下水道の完備されていない地域で整備が進められている。

❿循環型社会
資源を循環させて利用する，資源を有効に使う社会。

⓫3R
リデュース(Reduce)，リユース(Reuse)，リサイクル(Recycle)を合わせたもの。

⓬公害
産業が発展する中で，環境汚染によって健康に悪影響が起こること。

予想問題 6章 健康と環境

⏱ 30分

/100点

1 よく出る 環境の変化と体の適応能力について，次の問いに答えなさい。　3点×8〔24点〕

(1) 次の表は，暑いときや寒いときの体の反応を表したものである。（　）に当てはまる語句を下の〔　〕から選びなさい。　①（　　　　　　　） ②（　　　　　　　）
③（　　　　　　　） ④（　　　　　　　） ⑤（　　　　　　　）

	適応の仕方	体の反応
暑いとき	熱の（①）を抑える	（③）を緩める。
	熱の（②）を高める	皮膚の（④）を広げる。（⑤）を出す。
寒いとき	熱の（①）を高める	（③）が緊張し，体が震える。
	熱の（②）を抑える	皮膚の（④）を縮める。体を縮める。

〔　汗　　筋肉　　発生　　血管　　放射　〕

(2) 暑さに体が適応できずに起こる病気を何症というか。　（　　　　　　　）

(3) 寒さに体が適応できずに起こる病気を何症というか。　（　　　　　　　）

(4) マラソンランナーが高所トレーニングを行うのは，どのような能力を高めるためか。
（　　　　　　　）

2 活動に適した環境について，次の問いに答えなさい。　3点×9〔27点〕

(1) 表1は，暑さと寒さの感じ方に関係する条件（要素）を表したものである。（　）に当てはまる語句をそれぞれ漢字2字で書きなさい。　①（　　　　　　）
②（　　　　　　）
③（　　　　　　）

表1

条件	望ましい範囲（教室）
（①）	17～28℃
（②）	30～80%
（③）	0.5m/秒以下

（学校環境衛生基準より）

(2) 表1の②が高いときについて，次から正しいものを選びなさい。　（　　　　）
ア　汗が蒸発しやすく，体の熱が奪われやすい。
イ　汗が蒸発しにくく，体に熱がたまりやすい。

(3) 表1の③があるときについて，(2)から正しいものを選びなさい。　（　　　　）

(4) 表2は，明るさの基準を表したものである。A～Cに当てはまる場所を次から選びなさい。
A（　　　） B（　　　） C（　　　）
ア　教室　　イ　トイレ　　ウ　廊下

(5) 明るさの調整は何で行うとよいか。1つ書きなさい。
（　　　　　　　）

表2

明るさ（ルクス）	学校内の場所
100	A
150	階段
200	B
300	C 体育館
500	図書閲覧室 コンピュータ教室

（学校環境衛生基準より）

3 室内の空気の条件について，次の問いに答えなさい。　　　　　4点×7〔28点〕

(1)　私たちが呼吸したり，物を燃やしたりすることで発生する気体は何か。

（　　　　　　　　　　）

(2)　次の表は，空気中の(1)の気体の濃度と体への影響を表したものである。（　　）に当てはまる体への影響を下の〔　　〕から選び，記号で書きなさい。

①（　　　）　②（　　　）　③（　　　）　④（　　　）

濃度(%)	体への影響
1〜2	（①）
3〜4	（②）
6	（③）
7〜10	（④）

（中央労働災害防止協会「化学物質の危険・有害便覧」より）

学校環境衛生基準では，0.15%以下の濃度が望ましいとされているよ。

〔
　ア　呼吸困難
　イ　呼吸数，脈拍数の増加，血圧の上昇，目まい，頭痛
　ウ　不快感
　エ　死に至る
〕

(3)　人が大勢いる部屋の中の(1)の気体について，次から正しいものを選びなさい。（　　　）

　ア　閉めきった部屋に大勢の人がいると，(1)の気体が減っていく。

　イ　(1)の気体が増えているような部屋では，気温や湿度が下がる。

　ウ　(1)の気体の濃度は，室内の空気の汚れを知る指標となる。

【記述】(4)　室内の空気をきれいに保つためには，どのようなことが必要か。

（　　　　　　　　　　　　　　　　　　　　　　　　　　　　）

4 **よく出る** 一酸化炭素について，次の問いに答えなさい。　　　　3点×7〔21点〕

(1)　一酸化炭素について，次の文の（　　）に当てはまる語句を書きなさい。

①（　　　　　　　）　②（　　　　　　　）　③（　　　　　　　）

　　物が（①）燃焼したときに一酸化炭素が発生する。一酸化炭素は（②）色（③）臭の気体である。

(2)　一酸化炭素が体内に入ったときの影響について，次の文の（　　）に当てはまる語句を下の〔　　〕から選びなさい。

①（　　　　　　　）　②（　　　　　　　）

③（　　　　　　　）　④（　　　　　　　）

　　一酸化炭素が体内に入ると，（①）中の（②）と結合する。そのため，（③）が（②）と結合できず，体が（③）不足になる。そして，頭痛や目まいなどが起こって死に至ることもある。これが（④）である。

〔　一酸化炭素中毒　　酸素　　赤血球　　ヘモグロビン　〕

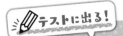

予想問題　6章　健康と環境

⏱30分

/100点

1 よく出る　水の役割について，次の問いに答えなさい。　4点×8〔32点〕

(1) 家庭の中で，水はどのような用途で使用されているか。飲料用の他に2つ書きなさい。

（　　　　　　　　　）（　　　　　　　　　）

記述 (2) 体の中で，水分はどのような役割を果たしているか。1つ書きなさい。

（　　　　　　　　　　　　　　　　　　　　　）

(3) 体の水分の出入りについて，次の文の（　　）に当てはまる語句を書きなさい。ただし，①，③は下の〔　　〕から選びなさい。

①（　　　　　　　）　②（　　　　　　　）　③（　　　　　　　）

> 私たちは，1日に約（　①　）Lの水を飲料や食物中の水分などから摂取している。また，尿や便，呼吸や（　②　）によって約（　①　）Lの水を排出している。体の中の水分のうち，約（　③　）％が失われると，死に至る。

〔　1.2　　2.5　　5　　10　　20　〕

(4) 飲料水の確保について，次の文の（　　）に当てはまる語句を書きなさい。

①（　　　　　　　）　②（　　　　　　　）

> 川や湖からの水は，（　①　）でごみや細菌などが取り除かれ，消毒される。そして，（　②　）を満たしていることを水質検査で確認してから，各家庭に供給される。

2 右の図は，使用した水の処理方法を表したものである。これについて，次の問いに下の〔　　〕から選んで答えなさい。　3点×6〔18点〕

(1) 風呂や台所などから出される図のAの水を何というか。

（　　　　　　　　　）

(2) (1)とし尿を含んだ水を合わせて何というか。（　　　　　　　　　）

(3) 図のB〜Eに当てはまるものをそれぞれ書きなさい。

B（　　　　　　　）
C（　　　　　　　）
D（　　　　　　　）
E（　　　　　　　）

（環境省資料より）

〔　合併処理浄化槽　　計画収集　　下水処理場　　公共下水道
　し尿処理施設　　生活雑排水　　生活排水　　単独処理浄化槽　〕

3 よく出る！ ごみを減らす取り組みについて，次の問いに答えなさい。　4点×8〔32点〕

(1) 限りある資源を有効に使う社会を何というか。（　　　　　　　）

(2) 次の表は，(1)の社会を目指して推進されている取り組みを表したものである。（　　）に当てはまる語句を下の〔　〕から選びなさい。

①（　　　　　　　）　②（　　　　　　　）　③（　　　　　　　）

言葉	意味	取り組みの例
（　①　）	ごみの発生抑制	A
（　②　）	再使用	B
（　③　）	再生利用	C

〔　リサイクル　　リデュース　　リユース　〕

(3) (2)の表のA～Cに当てはまる取り組みを，次からそれぞれ選びなさい。

A（　　）　B（　　）　C（　　）

ア

ごみを分別して
捨てる。

イ

スーパーマーケット

買い物袋を持って
スーパーに行く。

ウ

1枚
500えん

サイズが合わなくなった
洋服をフリーマーケット
に出す。

(4) (2)の①～③の取り組みを合わせて何というか。（　　　　　　　）

4 環境の汚染と保全について，次の問いに答えなさい。　3点×6〔18点〕

(1) 日本では，1950年代頃から大量の汚染物質による健康被害が発生し，全国各地で問題となった。これを何というか。（　　　　　　　）

(2) 次の表は，汚染物質とその健康への影響を表したものである。（　　）に当てはまる語句を下の〔　〕から選びなさい。　①（　　　　　　）　②（　　　　　　）

③（　　　　　　）　④（　　　　　　）

	汚染物質の例	健康への影響の例	(1)の例
大気汚染物質	硫黄酸化物	気管支炎	（　③　）
	（　①　）酸化物	呼吸器の抵抗力低下	
水質汚染物質	（　②　）	神経痛，言語障害	水俣病，新潟水俣病
	カドミウム	腎臓障害，骨軟化症	（　④　）

〔　窒素　　有機水銀　　イタイイタイ病　　四日市ぜんそく　〕

(3) 環境汚染に対する総合的，計画的な取り組みを行うために1993年に定められた法律を何というか。（　　　　　　　）

体つくり運動

❶体ほぐしの運動

体と心の状態に気づき，体を動かす楽しさや心地よさを味わい，仲間と関わり合うことをねらいとした運動。

❷ストレッチング

柔らかさを高めることをねらいとした運動。静的なものと動的なものがある。

❸巧みな動き

力を調整して素早く動いたり，リズミカルにタイミングよく動いたりすることなどで高められる動き。

❹負荷

意図的に加える強さや重さのこと。運動では，自分やパートナーの体重，用具などを利用する。

❺シグナルランニング

2人で軽快に走り，前の人が約束の姿勢をしたら，後ろの人が決まった動きをする。そして，再び軽快に走るという運動。

テストに出る！ ココが要点

1 体ほぐしの運動

(1) 体つくり運動は，（❶　　　　　　　　）の運動と体の動きを高める運動からなる。

(2) 体ほぐしの運動のねらい

● 自分や仲間の体と心の状態に気づく…体と心は互いに関係している。

● 仲間と豊かに関わり合う…積極的に仲間と協力したり助け合ったりする。

2 体の動きを高める運動

(1) 体の柔らかさを高める運動

● 静的（❷　　　　　　　　）

弾みをつけず，ゆっくりと伸ばす。

一定のリズムで呼吸しながら伸ばす。

伸ばしている部位を意識する。

● 動的ストレッチング

ゆっくり，大きく，リズミカルに行う。

(2) （❸　　　　　　　　）動きを高める運動

● 力の強弱や弾みなどを加え，リズミカルに動く。

● ボール，フープ，縄などの用具を使う。

(3) 力強い動きを高める運動

● 自分の体重を利用して行う。

● パートナーと組んで行う。

● 無理のないように，自分に合った（❹　　　　　　　　）を加えながら行う。

(4) 動きを持続する能力を高める運動

● 1人で動き続ける。

● ペアで（❺　　　　　　　）ランニングを行う。

● 運動を組み合わせて動き続ける。

(5) 自分の目的に合った運動計画を立てる。

● 何のために，どのような運動を，いつ，どこで，どのくらいの強度(時間・回数)で行うかを考える。

予想問題 体つくり運動

⏱20分

/100点

1 体つくり運動について，次の文の(　　)に当てはまる語句を答えなさい。　7点×4〔28点〕

① (　　　　　　　　)　② (　　　　　　　　)
③ (　　　　　　　　)　④ (　　　　　　　　)

> 体つくり運動には，(　①　)の運動と(　②　)を高める運動がある。(　①　)の運動には，自分や仲間の(　③　)の状態に気づくこと，仲間との(　④　)を楽しむことというねらいがある。

2 体の動きを高める運動について，次の表を見てあとの問いに答えなさい。　6点×12〔72点〕

運動のねらい	運動の例
(　①　)を高める運動	弾みをつけず，ゆっくりと体を伸ばす。
(　②　)を高める運動	ボールをついて，力の強弱を加えながらリズミカルに動く。
(　③　)を高める運動	自分の体重を利用して腕立て伏臥屈伸を行う。
(　④　)を高める運動	音楽のリズムに合わせて，縄跳びを跳び続ける。

(1) **よく出る** 表の①〜④に当てはまる語句を次から選びなさい。

① (　　　)　② (　　　)　③ (　　　)　④ (　　　)

ア　動きを持続する能力　　イ　体の柔らかさ　　ウ　力強い動き　　エ　巧みな動き

(2) 次の図はそれぞれ何を高める運動か。(1)の**ア〜エ**から選びなさい。

A (　　)　B (　　)　C (　　)　D (　　)　E (　　)　F (　　)

Aももを胸に引き付ける　　　　　B支持跳び　　　　　C腕立て伏せ

D多様な動きをしながらジョギング　　　E胸を張る　　　　Fフープの回し投げ

(3) 運動計画を立てるときに考える必要があることがらを１つ書きなさい。

(　　　　　　　　　　　　　　　　　　　　　　　　　)

記述 (4) 自宅でテレビを見ながらでもできるような，手軽な運動を１つ書きなさい。

(　　　　　　　　　　　　　　　　　　　　　　　　　)

体育実技編

集団行動，ラジオ体操，新体力テスト

集団行動

❶気を付け
ひざと背筋を伸ばし，正面をまっすぐ見る。

❷右足
「回れ─右」の第1動作で，斜め左後ろに引く足。

❸2列横隊
2列で横に並んだ隊形。

ラジオ体操

❹深呼吸
ラジオ体操第一で最後に行う運動。

❺13種類
ラジオ体操第二で行う運動の数。

新体力テスト

❻上体起こし
両ひじが大たい部につくまで上体を起こし，素早く元の姿勢に戻すことを繰り返す。

❼反復横跳び
100cm間隔で引かれたラインを，右，中央，左，中央とサイドステップで繰り返す。

❽立ち幅跳び

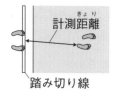

計測距離
踏み切り線

テストに出る！ ココが要点

1 集団行動

(1) （**❶**　　　　　　　）の姿勢…両足のつま先を45〜60度に開く。

(2) 「右向け─右」
右足のかかとと左足のつま先を軸に，右に90度回り，左足を右足に引き付ける。

(3) 「回れ─右」
1. （**❷**　　　　　　　）を斜め左後ろに引く。
2. 左足のかかとと右足のつま先を軸に，右に180度回る。
3. 右足を左足に引き付ける。

(4) 列の増減

（**❸**　　　　　　　）隊　　　　　　　　　　4列縦隊

前　　　→　　　　　　　前　→　　　　　　　前

2 ラジオ体操

(1) ラジオ体操第一…**伸びの運動で始まり**（**❹**　　　　　）で終わる，**13種類**の運動からなる体操。

(2) ラジオ体操第二…**全身をゆする運動で始まり深呼吸で終わる**，（**❺**　　　　　）種類の運動からなる体操。

3 新体力テスト

項目	体力の要素	行い方
握力	筋力	右左交互に2回ずつ行い，それぞれのよいほうの記録を平均する。
（**❻**　　　）	筋力 筋持久力	30秒間行い，両ひじが大たい部についた回数を記録する。
長座体前屈	柔軟性	長座姿勢で壁に背と尻をぴったりつけてから，ゆっくりと前屈する。
（**❼**　　　）	敏しょう性	20秒間を2回行う。中央のラインはまたぎ，左右のラインは踏むか越す。
持久走（20mシャトルラン）	全身持久力	どちらかを選択して行う。持久走は男子1500m，女子1000m。
50m走	スピード	ゴールライン上に胴が到達するまでの時間を計測する。
（**❽**　　　）	瞬発力	2回行う。両足で同時に踏み切り，前方へ跳ぶ。
ハンドボール投げ	巧緻性 瞬発力	2回行う。直径2mの円内からハンドボールを投げる。

　満点ミッション の❶，❷…は，ココが要点 の❶，❷…の答えになります。

予想問題 集団行動

⏱ 20分

/100点

1 集団行動について，次の問いに答えなさい。

10点×10〔100点〕

(1) **よく出る** 気を付けの姿勢では，両足のつま先を何度に開くか。

(　～　 度)

(2) 休めの姿勢について，次から正しいものを選びなさい。 (　　)

ア 斜め型では，両足に均等に体重をかける。

イ 横型では，左足を横に開き，手を後ろで組む。

ウ 斜め型では，右足を右斜め前に出す。

(3) 方向転換について，次の文の①～⑩には「右」か「左」のどちらかが当てはまる。「右」が当てはまる番号を全て書きなさい。 (　　　　　　　　　　)

●「右向け―右」…まず，気を付けの姿勢から(①)足のかかとと(②)足のつま先を軸に，右へ90度方向を変える。次に，(③)足を(④)足に引き付ける。

●「回れ―右」…まず，気を付けの姿勢から(⑤)足を斜め(⑥)後ろに引く。次に，(⑦)足のかかとと(⑧)足のつま先を軸に，右へ180度回る。最後に，(⑨)足を(⑩)足に引きつける。

(4) 次の図のA，Bの隊形をそれぞれ何というか。

A (　　　　　) 　 B (　　　　　)

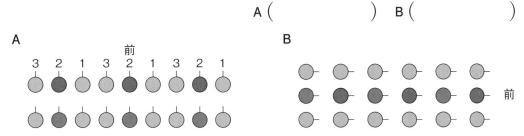

A

前

3 2 1 3 2 1 3 2 1

B

前

(5) (4)の図のAからBに隊形を変えるときの動作について，次の文の(　)に当てはまる語句を書きなさい。

①(　　　　　) ②(　　　　　) ③(　　　　　)

●第1動作…向きを変える。

●第2動作…前列(①)番の人は，(②)足を斜め右前に1歩踏み出す。

　　　　　後列(①)番の人は，(③)足を斜め左後ろに1歩踏み出す。

●第3動作…踏み出した足にもう一方の足を引き付け，整頓する。

(6) 行進で，「前へ―進め」や「駆け足―進め」の合図があったとき，右足と左足のどちらから踏み出すか。 (　　　　　　　)

(7) 行進中に，「全体―止まれ」の合図があった。「止まれ」の号令からいくつの動作で止まるか。 (　　　　　　)

予想問題 ラジオ体操，新体力テスト

30分

/100点

1 次の図1はラジオ体操第一，図2はラジオ体操第二のそれぞれの運動を表したものである。これについて，あとの問いに答えなさい。

6点×2〔12点〕

図1

(1) 図1の①〜⑫を正しい順に並べなさい。ただし，同じ記号を2回使っても構いません。

(　→　→　→　→　→　→　→　→　→　→　→　)

図2

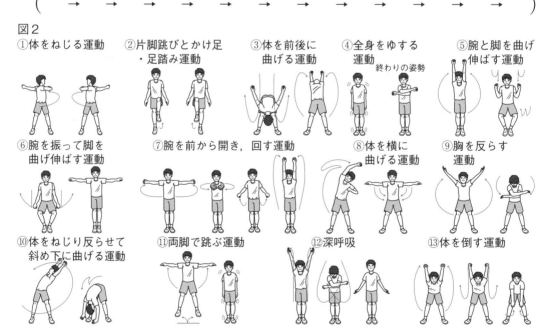

(2) 図2の①〜⑬を正しい順に並べなさい。

(　→　→　→　→　→　→　→　→　→　→　→　)

協力：全国ラジオ体操連盟

2 次の図は，新体力テストで行う８つの種目を表したものである。これについて，あとの問いに答えなさい。

4点×22〔88点〕

A

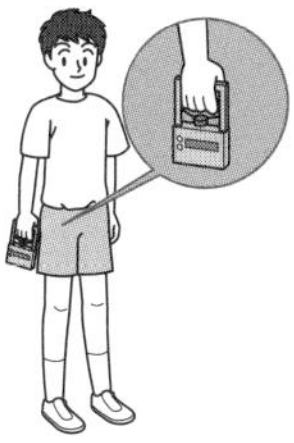

B

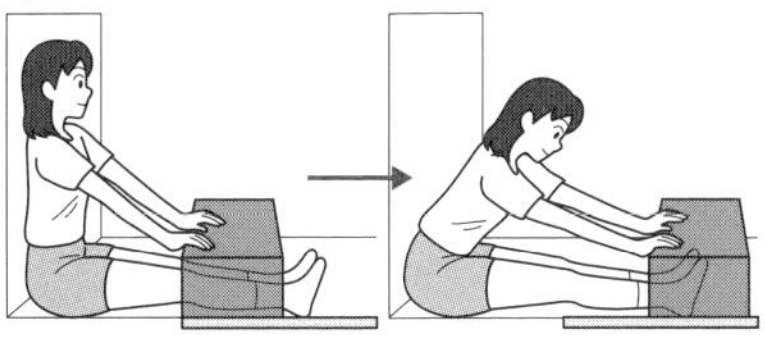

C

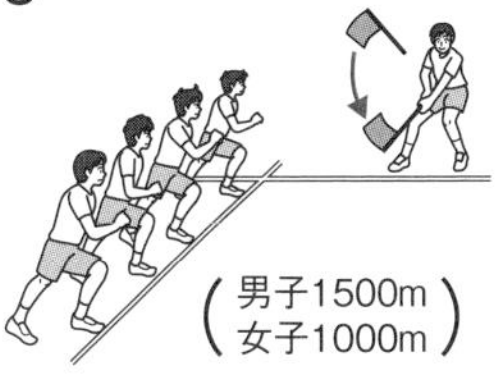

男子1500m
女子1000m

D

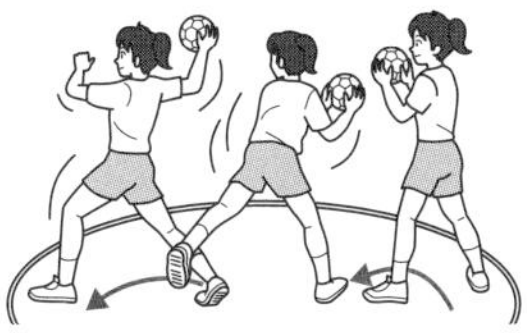

E

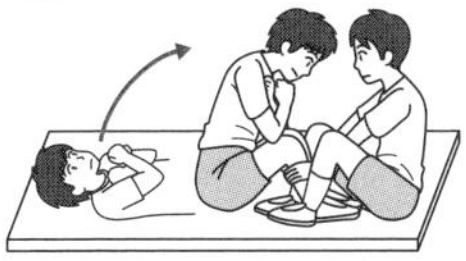

F

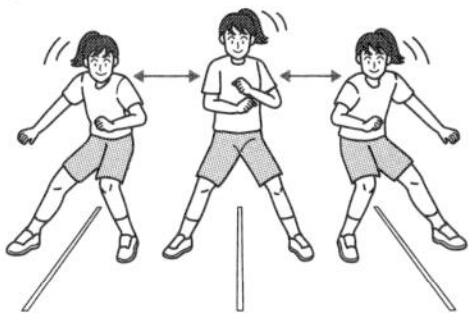

G

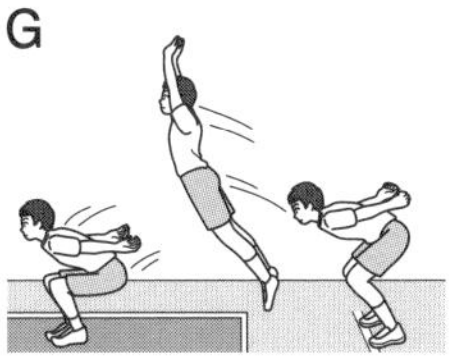

H

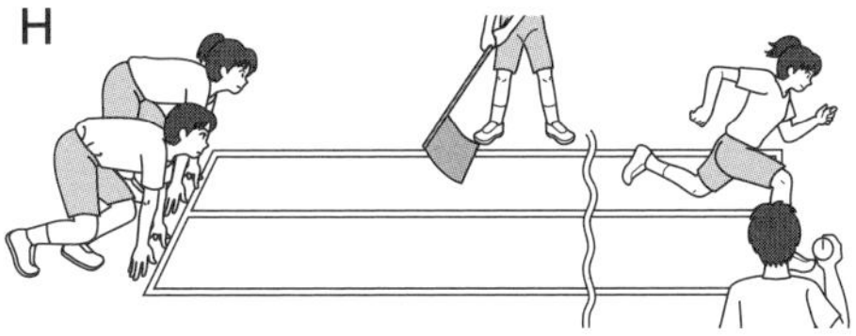

(1) A～Hの種目をそれぞれ何というか。

A（　　　　　　）　B（　　　　　　）　C（　　　　　　）
D（　　　　　　）　E（　　　　　　）　F（　　　　　　）
G（　　　　　　）　H（　　　　　　）

(2) **よく出る** A～Hの種目で測定される力は何か。次からそれぞれ選びなさい。

A（　　）　B（　　）　C（　　）　D（　　）
E（　　）　F（　　）　G（　　）　H（　　）

ア　筋力　　イ　筋力・筋持久力　　ウ　巧緻性・瞬発力　　エ　瞬発力
オ　全身持久力　　カ　柔軟性　　キ　スピード　　ク　敏しょう性

(3) Aの種目の行い方について，次から正しいものを選びなさい。（　　）

ア　右左交互に１回ずつ行う。
イ　右左交互に２回ずつ行う。
ウ　右を２回計測した後，左を２回計測する。

(4) B～Hの種目のうち，実施する回数が１回のものを全て選びなさい。

（　　　　）

(5) Dの種目では，直径何mの円内から投げるか。（　　　　）

(6) Eの種目では，何秒間行うか。（　　　　）

(7) Fの種目で，ラインの間隔は何cmか。（　　　　）

(8) Hの種目で行われる，図のスタート方法を何というか。（　　　　）

@ポイント攻略！ ラジオ体操の正しい姿勢を確認しよう。各運動のポイントも整理しよう。➡ **1**

器械運動

満点◉ミッション

マット運動

❶ 片足正面水平立ち
片足で立ち，上体と足を水平に保つ技。

❷ 開脚後転
後転をし，足がマットにつく前にひざを伸ばして開脚して上体を起こす技。

❸ 側方倒立回転
4分の1ひねって着手し，まっすぐな線上を側転する技。

鉄棒運動

❹ ひざかけ上がり
腕を伸ばして前方へ踏み込み，振れ戻りに合わせてひざをかけ，反動を利用して鉄棒を引き寄せ，上体を起こす技。

平均台運動

❺ 両足ターン
つま先立ちして，両手を上げてターンをする技。

跳び箱運動

❻ 頭はね跳び
跳び箱の上に手，額の順につけ，腰が額よりも前に出たら手で突き放して着地する技。

テストに出る！ **ココが要点**

1 マット運動の技

（❶　　　）立ち　　開脚前転

倒立前転　　（❷　　　　　　）

（❸　　　）回転　　頭はねおき

2 鉄棒運動の技

（❹　　　）上がり　　後方支持回転

3 平均台運動の技

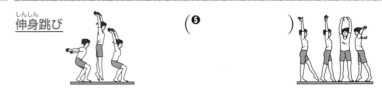

伸身跳び　　（❺　　　　　　）

4 跳び箱運動の技

かかえ込み跳び　　（❻　　　　　　）跳び

テストに出る！

予想問題 器械運動

解答 p.10

⏱20分

/100点

1 器械運動について，次の問いに答えなさい。　　　　　　　　　8点×8〔64点〕

(1) 体操競技の前身であるドイツ体操の始まりは，1811年にある人物がドイツに体操場を開設したことにあるといわれている。この人物は誰か。　　（　　　　　　　　）

(2) 次の①〜⑦は，それぞれ何という用語の説明を表しているか。下の〔　　〕から選びなさい。

① ひざと腰を曲げ，胸にひざをかかえ込んだ姿勢。　　　　　　（　　　　　　　）

② 体をまっすぐにし，ひざと腰をともに伸ばした姿勢。　　　　（　　　　　　　）

③ ひざを伸ばし，腰を曲げて体をくの字にした姿勢。　　　　　（　　　　　　　）

④ ひざを伸ばした姿勢。　　　　　　　　　　　　　　　　　　（　　　　　　　）

⑤ 腕で体を支えた姿勢。　　　　　　　　　　　　　　　　　　（　　　　　　　）

⑥ 振り動かしたり，揺れたり，勢いを使ったりすること。　　　（　　　　　　　）

⑦ 技の難しさを示す基準。　　　　　　　　　　　　　　　　　（　　　　　　　）

〔　かかえ込み　　屈身　　支持　　伸しつ　　伸身　　振動　　難度　〕

2 マット運動について，次の問いに下の〔　　〕から選んで答えなさい。　　4点×9〔36点〕

(1) **よく出る** 右の図の技をそれぞれ何というか。

A（　　　　　　）　B（　　　　　　）
C（　　　　　　）　D（　　　　　　）

(2) 次の図の回転系の技をそれぞれ何というか。

E（　　　　　　）　F（　　　　　　）
G（　　　　　　）　H（　　　　　　）
I（　　　　　　）

〔　開脚前転　　開脚後転　　片足正面水平立ち　　片足側面水平立ち
　　伸しつ後転　　倒立　　倒立前転　　跳び前転　　Y字バランス　〕

@ポイント攻略！　授業で行ったマット運動の技と実施のポイントについても確認しておこう。➡**2**　　**49**

予想問題 器械運動

⏱ 30分

/100点

1 マット運動で行われる次の技をそれぞれ何というか。下の〔　〕から選んで答えなさい。

4点×3〔12点〕

A（　　　　　　　）　B（　　　　　　　）　C（　　　　　　　）

〔　頭はねおき　　側方倒立回転　　倒立ブリッジ　〕

2 跳び箱運動について，次の問いに答えなさい。

4点×7〔28点〕

(1) 跳び箱運動で使用する右の図の板を何というか。

（　　　　　　　）

(2) 開脚跳びで，手は跳び箱のどの位置につくか。
次から選びなさい。　　　　　　　（　　　）

ア　前方（奥）　　イ　中央　　ウ　後方（手前）

(3) **よく出る** 次の図の技をそれぞれ何というか。下の〔　〕から選び，記号で書きなさい。

A（　）　B（　）　C（　）　D（　）　E（　）

〔　ア　頭はね跳び　　イ　かかえ込み跳び　　ウ　屈身跳び
　　エ　伸しつ台上前転　　オ　前方屈腕倒立回転跳び　〕

3 鉄棒運動について，次の問いに答えなさい。 5点×8〔40点〕

(1) 右の図は，鉄棒の握り方を表したものである。
それぞれの握り方を何というか。

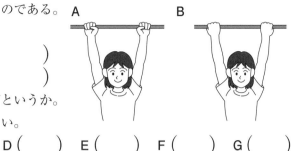

A (　　　　　　　)
B (　　　　　　　)

(2)  次の図の技をそれぞれ何というか。
下の〔　〕から選び，記号で書きなさい。

C (　　) D (　　) E (　　) F (　　) G (　　)

C

D

E
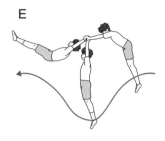

F

G

〔　ア　懸垂振動　　イ　後方支持回転　　ウ　後方ひざかけ回転
　　エ　前方ひざかけ回転　　オ　踏み越し下り　　〕

記述 (3) ひざかけ上がりを練習しているが，体がなかなか上がらない友だちがいる。この友だちにするとよいアドバイスを1つ書きなさい。

(　　　　　　　　　　　　　　　　　　　　　　　　　　　　　　)

4 平均台運動について，次の問いに答えなさい。 5点×4〔20点〕

(1) 前方歩や後方歩について，次から正しいものを選びなさい。 (　　)

ア　前方歩では，5cmくらい先を見ながら歩くとよい。

イ　後方歩では，つま先を伸ばして台の上面に触れながら歩くとよい。

ウ　前方歩や後方歩では，常に腰や背筋を伸ばすようにする。

(2) 右の図の技の名称を，下の
〔　〕からそれぞれ選びなさ
い。　A (　　　　　)
　　　B (　　　　　)
　　　C (　　　　　)

A

B

C

〔　開脚跳び　　伸身跳び　　両足ターン　〕

体育実技編

陸上競技

満点ミッション

短距離走
❶クラウチングスタート
短距離走で用いる，しゃがんだ姿勢からのスタート。

❷中間疾走
加速疾走の後，フィニッシュ前までの，全力疾走を行っているときの走り。

❸テークオーバーゾーン
リレーでバトンパスを行う区間。30mある。

長距離走
❹スタンディングスタート
中・長距離走で用いる，立った姿勢からのスタート。

ハードル走
❺インターバル
ハードル走で，ハードルとハードルの間のこと。

走り幅跳び
❻そり跳び
胸を反らしながら腕を後方から上にもってくる跳び方。

走り高跳び
❼背面跳び
上体を反らし，肩，背中，腰の順にバーを越す跳び方。

テストに出る！ ココが要点

1 短距離走
(1) スタート…(❶　　　　　　　)スタートで行う。
- 「位置について（オンユアマークス）」，「用意（セット）」，「ドン」でスタートする。

(2) 加速疾走…前傾姿勢を保ち，スピードに乗る。

(3) (❷　　　　　　　)疾走…リラックスしてスピードを保つ。
- 自分に合ったピッチ（一定時間内の歩数）とストライド（1歩の歩幅）で走る。
- コーナーでは，体を内側に傾けて走る。

(4) フィニッシュ…胴体（トルソー）の一部がフィニッシュラインに到達したとき。

(5) リレーでは，バトンが(❸　　　　　　)ゾーン内にあるときにバトンパスを終了する。

2 長距離走
(1) スタート…(❹　　　　　　　)スタートで行う。
- 「位置について（オンユアマークス）」，「ドン」でスタートする。

(2) リズムよく呼吸することが大切である。一般的なのは，吐く，吐く，吸う，吸うの2呼2吸。

3 ハードル走
(1) アプローチ…スタートから第1ハードルまでの走り。

(2) ハードリング…踏み切りから着地までの一連の動作。

(3) ハードル間…(❺　　　　　　　)といい，一般的に3歩で走る。

4 走り幅跳びと走り高跳びの技

かがみ跳び　　　　　　　(❻　　　　　　)跳び

はさみ跳び　　　　　　　(❼　　　　　　)跳び

予想問題 陸上競技

⏱ 20分

/100点

1 陸上競技について，次の文の( )に当てはまる語句や国名を答えなさい。7点×4〔28点〕

① ( ) ② ( ) ③ ( ) ④ ( )

> 陸上競技は，(①)，(②)，(③)という基本的な運動によって，記録に挑戦したり，相手と競争したりして楽しむスポーツである。近代の陸上競技は，19世紀に(④)を中心に盛んになり，その後ヨーロッパ諸国やアメリカへと伝わった。

2 短距離走やリレーについて，次の問いに答えなさい。6点×12〔72点〕

(1) 短距離走で用いるスタートを何というか。 ( )

(2) (1)のスタートには，右の3種類がある。それぞれ何というか。次から選びなさい。 A ( ) B ( ) C ( )

ア エロンゲーテッドスタート

イ ミディアムスタート

ウ バンチスタート

A 1.5足長 1.5足長
B 1足長 2足長
C 2足長 1足長

(3) 短距離走について，次から正しいものを2つ選びなさい。 ( )( )

ア スタートの号令は，「位置について(オンユアマークス)」の後に「ドン」となり，「用意(セット)」がない。

イ スタート後，スピードに乗るまでの走りを加速疾走といい，前傾姿勢を保ってから徐々に上体を起こす。

ウ 中間疾走では，腰が落ちないようにし，リラックスしてスピードを保つ。

エ 1歩の歩幅をピッチ，一定時間内の歩数をストライドといい，自分に合ったピッチとストライドで走ることが大切である。

(4) 短距離走で，各走者に割り当てられた走路を何というか。 ( )

(5) コーナーを走るとき，体は内側と外側のどちらに傾けるか。 ( )

📝記述 (6) よく出る 短距離走で「フィニッシュ」となるのは，どのようになったときか。

( )

(7) リレーで，バトンパスを行うゾーンを何というか。 ( )

(8) (7)のゾーンは何mあるか。 ( )

(9) リレーについて，次から正しいものを全て選びなさい。 ( )

ア 第2〜第4走者は，(7)のゾーンの手前からスタートしてよい。

イ 4人で100mずつ走るリレーを行ったとき，そのタイムが4人それぞれの100m走のタイムの合計よりも小さくなることがある。

ウ バトンパスは，両者ができるだけ近づき，腕を曲げて行うとよい。

@ポイント攻略！ 理想的なバトンパスを行うポイントについても確認しておこう。→ **2**

解答 p.11

⏰ 30分

/100点

予想問題 陸上競技

1 長距離走について，次の問いに答えなさい。　　　　　　　　　　　　4点×6〔24点〕

(1) 長距離走で用いるスタートを何というか。　　　　　　　（　　　　　　　　　）

(2) 長距離走のスタートにはない号令を次から選びなさい。　（　　　　　　　　　）

　　ア　位置について(オンユアマークス)

　　イ　用意(セット)

　　ウ　ドン

(3) 長距離走で一般に用いられる呼吸法を，次から選びなさい。（　　　　　　　　　）

　　ア　吸う，吐く，吸う，吐く

　　イ　吸う，吐く，吸う，吸う

　　ウ　吐く，吐く，吸う，吸う

(4) トラック1周(一定の距離間隔)のタイムのことを何というか。

　　　　　　　　　　　　　　　　　　　　　　　　　　　（　　　　　　　　　）

(5) 長距離走の次の走法を何というか。下の〔　　　〕からそれぞれ選びなさい。

　　① 歩幅を狭くし，上下動を小さくして走る。　　　　　（　　　　　　　　　）

　　② 歩幅を広くし，腰を前方に大きく移動するようにして走る。

　　　　　　　　　　　　　　　　　　　　　　　　　　　（　　　　　　　　　）

　　〔　ピッチ走法　　ストライド走法　〕

2 ハードル走について，次の問いに答えなさい。　　　　　　　　　　　　5点×7〔35点〕

(1) スタートから第1ハードルまでの走りを何というか。　（　　　　　　　　　）

(2) 踏み切りから着地までの一連の動作を何というか。　（　　　　　　　　　）

(3) (2)の姿勢として正しいものを，右の図のA，Bから　　　A　　　　　B

　　選びなさい。　　　　　　　　　　　　　（　　　　）

(4) ハードルとハードルの間のことを何というか。

　　　　　　　　　　　　　　（　　　　　　　　　）

(5) **よく出る** (4)で，ハードル間は何歩で走るのが一般

　　的か。　　　　　　　　　（　　　　　　　　　）

(6) 次のうち，失格とならないものを選びなさい。　　　　（　　　　）

　　ア　わざとハードルを倒して，他の走者の妨害をした。

　　イ　他の走者に影響はないが，半数以上のハードルを倒した。

　　ウ　足がハードルをはみ出て，バーよりも低い位置を通った。

記述 (7) ハードルを越えるとき，高く跳んでしまってリズムよく走ることができない友だちがい

　　る。この友だちにするとよいアドバイスを1つ書きなさい。

　　（　　　　　　　　　　　　　　　　　　　　　　　　　　　　　　　　　　　）

3 走り幅跳びについて，あとの問いに答えなさい。　　　　　　5点×5〔25点〕

A

B

C

D

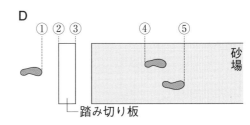

(1) 図のA〜Cの跳び方をそれぞれ何というか。下の〔　　〕から選びなさい。

　　　　　　　　A（　　　　　　　　）　B（　　　　　　　　）　C（　　　　　　　　）

　　〔　かがみ跳び　　そり跳び　　はさみ跳び　〕

(2) **よく出る** 図のDのように跳んだとき，跳躍距離はどこからどこまでの長さを測るか。

　　次から選びなさい。　　　　　　　　　　　　　　　　　　　　　　　（　　　　）

　　ア　①から④まで　　　イ　②から④まで　　　ウ　③から④まで

　　エ　①から⑤まで　　　オ　②から⑤まで　　　カ　③から⑤まで

(3) 次のうち，無効試技とならないものを選びなさい。　　　　　　　　（　　　　）

a

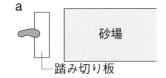

b

c

4 走り高跳びについて，次の問いに答えなさい。　　　　　　4点×4〔16点〕

(1) 図のA，Bの跳び方をそれぞれ何というか。　A

　　　　　　　A（　　　　　　　　）

　　　　　　　B（　　　　　　　　）

(2) 続けて何回失敗すると，次の試技ができな

　　いか。　　　　　　　（　　　　　　　）

(3) 次のうち，無効試技となるものを選びなさ

　　い。　　　　　　　　（　　　　）

　　ア　跳躍後，風でバーが落ちたとき。

　　イ　体がバーに当たったが，バーが落ちなか

　　　　ったとき。

　　ウ　両足で踏み切ったとき。

B

水泳

満点●ミッション

水泳

❶平泳ぎ
両腕と両足を同時に，左右対称に行う泳法。逆ハート形を描くようにストロークする。

❷バタフライ
両腕を同時に水面上を前方に運ぶ泳法。ドルフィンキックを行う。

> 手足と呼吸のバランスをとって泳ごう。

❸クイックターン
クロールや背泳ぎで用いられる，水中で前転をするようにして行うターン。

❹個人メドレー
1人で4つの泳法を順に泳ぐこと。

❺自由形
リレーで4人の選手が泳ぐ泳法。

❻背泳ぎ
メドレーリレーでの，第1泳者の泳法。

テストに出る！ ココが要点

1 いろいろな泳法

(1) <u>クロール</u>
- ●ストローク…S字を描くように。
- ●キック…ひざを曲げず，力を抜いて，**足全体**で蹴る。股関節から動作を行うようにする。

(2) (**❶**　　　　　)
- ●ストローク…**逆ハート形**を描くように。
- ●キック…両足を引きつけながら足裏を返し，**カエル足キック**を行い，足をそろえる。

(3) <u>背泳ぎ</u>
- ●ストローク…体の横で水を押すように。
- ●キック…足の甲で水をとらえ，**足全体**で蹴る。

(4) (**❷**　　　　　)
- ●ストローク…**かぎ穴の形**を描くように。
- ●キック…常に両足の親指が触れ合うドルフィンキックを行う。

2 スタート，ターン

(1) スタート…クロール，平泳ぎ，バタフライでは片足を壁につけて準備する。背泳ぎでは，スターティンググリップを持ち，頭を引きつけて準備する。

(2) ターン
- ●一般的なターン…クロールと背泳ぎは**片手**で，平泳ぎとバタフライは**両手**で壁にタッチしてからターンする。
- ●(**❸**　　　　　)ターン…水中で前転をしてから壁を足で蹴る。

3 メドレー，リレーの公式ルール

(1) (**❹**　　　　　)では，<u>バタフライ</u>→<u>背泳ぎ</u>→<u>平泳ぎ</u>→<u>自由形</u>の順に泳ぐ。

(2) <u>リレー</u>では，4人が(**❺**　　　　　)で泳ぐ。

(3) メドレーリレーでは，4人が(**❻**　　　　　)→<u>平泳ぎ</u>→<u>バタフライ</u>→<u>自由形</u>の順に泳ぐ。

4 <u>救助</u>

(1) 服を着たまま水に落ちたときは，救助が来るまで**浮き続ける**。

(2) おぼれている人を見つけたら，周りの人に協力を求め，**泳がず**に棒やロープなどを利用して救助する。

予想問題 水泳

⏱ 20分

/100点

1 水泳について，次の問いに答えなさい。　　　　　　　　　　10点×4〔40点〕

(1) 水泳の競技としては，競泳の他に何があるか。1つ書きなさい。

（　　　　　　　　　　　）

(2) 次の①～③は，それぞれ何という用語の説明を表しているか。下の〔　　〕から選びなさい。

① 水の抵抗が少ない姿勢。体全体を水平に，一直線に伸ばす。　（　　　　　　　）

② 腕のかきに合わせて上半身をひねる動作。　（　　　　　　　）

③ 水中で，指先に対してひじを高く保つこと。　（　　　　　　　）

〔　ストリームライン　　ハイエルボー　　ローリング　〕

2 クロールと平泳ぎについて，次の問いに答えなさい。　　　12点×5〔60点〕

(1) **よく出る** 次のア～オを，クロールの動きの順に並べなさい。ただし，アをはじめとする。

（　ア　→　　　→　　　→　　　→　　　）

ア　エントリー　　イ　キャッチ　　ウ　プッシュ

エ　プル　　オ　リカバリー

(2) クロールと平泳ぎのストロークを表しているものを，次からそれぞれ選びなさい。

クロール（　　　）平泳ぎ（　　　）

A	B	C	D

  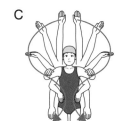 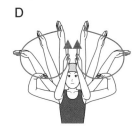

(3) 平泳ぎでの両足の動きについて，次から正しいものを選びなさい。　（　　　）

ア　同時に，左右対称に行う。

イ　同時に行えばよく，左右対称である必要はない。

ウ　左右対称に行えばよく，同時である必要はない。

(4) クロールや平泳ぎについて，次から正しいものを全て選びなさい。

（　　　　　　　　　）

ア　クロールでは，ひざをしっかり曲げ，力を抜いて足の甲で水を押すようにキックする。

イ　クロールでは，ローリングに合わせて頭をひねり，呼吸を行うとよい。

ウ　平泳ぎでは，キックを行うときの勢いに合わせて呼吸を行うとよい。

エ　平泳ぎの競技中は，スタート（ターン）後の1回を除き，下方へのドルフィンキックを行ってはいけない。

予想問題 水泳

⏱ 30分

/100点

1 背泳ぎについて，次の問いに答えなさい。　4点×4〔16点〕

(1) 次の**ア〜カ**を，背泳ぎの片腕の動きの順に並べなさい。ただし，**ア**をはじめとする。

(**ア** → 　 → 　 → 　 → 　)

ア エントリー　　**イ** キャッチ　　**ウ** プッシュ

エ プル　　**オ** リカバリー　　**カ** リリース

(2) 背泳ぎのストロークについて，次の文の(　)に当てはまる語句を書きなさい。

①(　　　　　) ②(　　　　　)

> ストロークでは，(　①　)指側からエントリーし，(　②　)指側からリリースする。

(3) 背泳ぎについて，次から正しいものを選びなさい。　(　　)

ア 空中では腕を曲げ，手先が水面近くをはうようにリカバリーをする。

イ 足の甲で水をとらえ，足全体を使ってキックをする。

ウ 片方の腕がリカバリー動作をするときに鼻から息を吸い，その腕がプル動作をするときに口から息を吐き出すとよい。

2 バタフライについて，次の問いに答えなさい。　5点×3〔15点〕

(1) バタフライで行うキックを何というか。　(　　　　　)

(2) ストロークでは，何指側からエントリーするか。　(　　　　　)

(3) **よく出る** バタフライについて，次から正しいものを選びなさい。　(　　)

ア キックとともに手と頭を上げると，腰が浮いてくる。

イ 競技中は，両足を交互に動かしてもよいが平泳ぎのキックをしてはいけない。

ウ ストロークでは，外側から体の内側へと水をかき込むように動作する。

エ 空中では腕を曲げ，手先が水面近くをはうようにリカバリーをする。

3 スタートについて，次の問いに答えなさい。　5点×5〔25点〕

(1) 水中からスタートするとき，片足を壁につけて準備する泳法を次から全て選びなさい。

(　　　　　)

ア クロール　　**イ** 平泳ぎ　　**ウ** 背泳ぎ　　**エ** バタフライ

(2) 平泳ぎでは，スタート後，何回までならドルフィンキックを打ってもよいか。

(　　　　　)

(3) 競技で，飛び込みのスタートを行わない泳法を(1)の**ア〜エ**から選びなさい。　(　　)

(4) クロールや背泳ぎ，バタフライの競技では，スタート後，壁から何mの地点までに頭を出す必要があるか。　(　　　　　)

(5) 出発合図前にスタートの動作を起こすことを何というか。　(　　　　　)

4 ターンについて，次の問いに答えなさい。　　　5点×4〔20点〕

(1) ターンのとき，両手で同時にタッチする必要がある泳法を次から
すべて選びなさい。　　　　　　　　　　　（　　　　　　）

　　ア　クロール　　イ　平泳ぎ　　ウ　背泳ぎ　　エ　バタフライ

(2) 右の図のような，水中で前転をしてから壁を足で蹴るターンを何
というか。　　　　　　　　　　　　　　　（　　　　　　）

(3) クロールや背泳ぎで(2)のターンを行うとき，前転する直前の体の
向きを次からそれぞれ選びなさい。　　　　クロール（　　）　背泳ぎ（　　）

　　ア　上向き　　イ　下向き

5 競技会で行われるメドレーやリレーについて，次の問いに答えなさい。　　　4点×4〔16点〕

(1) **よく出る** 個人メドレーでは，次の4つの泳法をどのような順で泳ぐか。正しい順に並
べなさい。　　　　　　　　　　　　　　　（　　→　　→　　→　　）

　　ア　自由形　　イ　平泳ぎ　　ウ　背泳ぎ　　エ　バタフライ

(2) **よく出る** メドレーリレーでは，(1)の4つの泳法をどのような順で泳ぐか。正しい順に
並べなさい。　　　　　　　　　　　　　　（　　→　　→　　→　　）

📝**記述** (3) 個人メドレーやメドレーリレーで行われる自由形とは，どのような方法で泳ぐことか。
簡単に書きなさい。

（　　　　　　　　　　　　　　　　　　　　　　　　　　　　　　　）

(4) 競技会で失格になる行為を，次から全て選びなさい。　　（　　　　　　）

　　ア　リレーの引き継ぎで，第1泳者が壁にタッチする前に第2泳者がスタートした。

　　イ　リレーの第3泳者が，飛び込み台で構えた後，静止せずに飛び込んだ。

　　ウ　背泳ぎで，自分のコースからはみ出たが，すぐに自分のコースに戻った。

　　エ　平泳ぎで，ターンのときにプールの底を蹴った。

6 プールでの安全や着衣泳，救助について，次の問いに答えなさい。　　　4点×2〔8点〕

(1) プールに入るときにとる，2人組で常にお互いを監視し合うシステムを何というか。

　　　　　　　　　　　　　　　　　　　　　（　　　　　　　　　　　）

(2) **よく出る** 次から正しいものをすべて選びなさい。　　（　　　　　　）

　　ア　不意に水に落ちたときは，服を着たまま浮いて，呼吸を確保する。

　　イ　ペットボトルやビニール袋は，浮きの代用となる。

　　ウ　クロールは，着衣に適した泳法である。

　　エ　おぼれている人を見つけたら，周りの人に協力を
求め，すぐに自分が浮き輪を持って泳いでいって救
助する。

　　オ　おぼれている人を救助する方法として，右の図の
ように数人で協力する方法がある。

球技（ネット型）

満点ミッション

バレーボール

❶レシーブ
サービスやスパイク
などの相手側からの
ボールを受けること。

❷トス
味方のアタッカーに
攻撃しやすいボール
を上げること。

❸スパイク
ジャンプして相手コ
ートにボールを強く
打ち込む攻撃。

❹フロントゾーン
コート上で，アタッ
クラインよりもネッ
ト側のゾーン。

❺アタックライン
コート上で，フロン
トゾーンとバックゾ
ーンの境目にあるラ
イン。

❻キャッチ
審判（しんぱん）の
合図は
右の図。

❼フォアヒット
審判の
合図は
右の図。

❽タッチネット
審判の
合図は
右の図。

テストに出る！ **ココが要点**

1 バレーボール

(1) 歴史…アメリカのW・G・モルガンが老若男女誰でも楽しめる
スポーツとして考え出した。

(2) 基本用語
● <u>サービス</u>…サービスゾーンから相手コートにボールを打ち入れ
ること。
● <u>三段攻撃（こうげき）</u>…（❶　　　　　　　　）から（❷　　　　　　　　）につな
ぎ，3打目を（❸　　　　　　　　）で攻撃すること。
● <u>ブロック</u>…相手チームからのボールをネット
際でジャンプして止めること。
● <u>ローテーション</u>…新たにサービスを得たとき，
各プレイヤーが**時計回り**に1つずつポジショ
ンを移動すること。
● **クイック攻撃**…短く速いトスで攻撃すること。
● <u>リベロ</u>…守備専門の選手。

▼ローテーション

```
4 → 3 → 2
5 ← 6 ← 1
```
サーバー1

(3) 競技場

（❹　　　　　　　　）ゾーン　　（❺　　　　　　　　）ライン

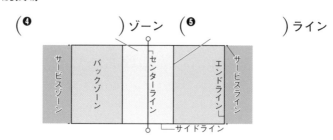

(4) 反則の例
● （❻　　　　　　　　）…ボールをつかむ。持ち上げる。
● <u>ダブルコンタクト</u>…ボールが体の2か所以上に触れる。1人の
プレイヤーが連続して2回ボールに触れる。
● （❼　　　　　　　　）…ボールを相手コートに返すまでに4回触
れる。
● （❽　　　　　　　　）…ネットやネット上部の白帯に触れる。
● **オーバーネット**…相手コート上にある
ボールに，ネットを越えて触れる。
● **フットフォールト**…サービス時にエンド
ラインを踏んだときなど。

▼フットフォールト
エンドライン

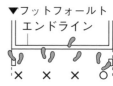

2 卓球の基本用語 ✨

(1) グリップ…ラケットの握り方。(⑨　　　　　　　　）グリップと
ペンホルダーグリップがある。

(2) ボールの打ち方
- **ドライブ**…ボールが上回転するように打つ打ち方。ボールを,
バウンド後の頂点かやや下がりぎみのところで打つ。
- **ショート**…バウンドしたボールが最高点に達する前に打つ。
- **カット**…上回転(横回転)するボールに対し, 下回転するように
打ち返す。
- (⑩　　　　　　　　）…下回転するボールに対し, 下回転するよ
うに打ち返す。

3 ソフトテニスの基本用語 ✨

(1) グリップ…ラケットの握り方。**イースタングリップ**と**ウエスタ
ングリップ**などがある。

(2) **グラウンドストローク**…ワンバウンド後のボールを打つ。
- ラケットを持つ手側にきたボールは(⑪　　　　　　）ハンド,
反対側にきたボールは**バックハンド**で打つ。

(3) ストロークの技術
- (⑫　　　　　　　　）…ネット近くで, ボールがバウンドする前
に直接打つ。
- **スマッシュ**…高く上がったボールを, 上からたたき込むように
強く打つ。
- **ロビング**…ボールが相手の頭上高く放物線を描いて飛ぶように
打つ。

4 バドミントンの基本用語 ✨

(1) (⑬　　　　　　　　）…バドミントンで使うはねのこと。

(2) グリップ…ラケットの握り方。**イースタングリップ**と**ウエスタ
ングリップ**などがある。

(3) **フライト**…打球が飛ぶ軌跡のこと。

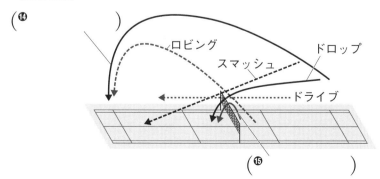

(⑭　　　　　　　） ロビング ドロップ スマッシュ ドライブ (⑮　　　　　　）

卓球

⑨ **シェークハンドグリップ**
下の図のラケットの握り方。

⑩ **ショートカット**
下回転がかかったボールに対して, 小さくカットして返球する打ち方。

ソフトテニス

⑪ **フォアハンド**
ラケットを持つ手の側にきたボールの打ち方。

⑫ **ボレー**
ネット近くで, 相手からの返球をノーバウンドでたたく打ち方。

バドミントン

⑬ **シャトル**
バドミントンで使うはね。

⑭ **クリアー**
相手の頭上を高く越えて, コートの後方まで飛ばす打ち方。

⑮ **ヘアピン**
ネット際からネットの上部ぎりぎりを越えて相手コートのネット際に落とす打ち方。

予想問題 球技(ネット型)

⏱ 30分

/100点

1 バレーボールの競技場について，それぞれの名称を下の〔　　〕から選んで答えなさい。

3点×8〔24点〕

① (　　　　　　　　　)
② (　　　　　　　　　)
③ (　　　　　　　　　)
④ (　　　　　　　　　)
⑤ (　　　　　　　　　)
⑥ (　　　　　　　　　)
⑦ (　　　　　　　　　)
⑧ (　　　　　　　　　)

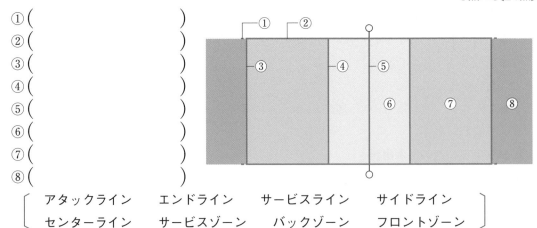

〔　アタックライン　　エンドライン　　サービスライン　　サイドライン
　センターライン　　サービスゾーン　　バックゾーン　　フロントゾーン　〕

2 バレーボールのA，Bのパス，C，Dのサービスをそれぞれ何というか。　3点×4〔12点〕

A (　　　　　　　　　)　　B (　　　　　　　　　)
C (　　　　　　　　　)　　D (　　　　　　　　　)

A　　　　　B　　　　　C　　　　　D

3 **よく出る** バレーボールについて，次の問いに答えなさい。　3点×7〔21点〕

(1) 守備専門のプレイヤーを何というか。　　　　　　　　　　　(　　　　　　　)

(2) アタッカーにトスを上げ，攻撃を組み立てるプレイヤーを何というか。

(　　　　　　　)

(3) 互いにボールを落とさずに打ち合いを続けることを何というか。　(　　　　　　　)

(4) パスからトスにつなぎ，スパイクを打つ攻撃方法を何というか。　(　　　　　　　)

(5) ネット際でジャンプし，相手チームからのボールを止めることを何というか。

(　　　　　　　)

(6) 新たにサービスを得たときに，各プレイヤーがポジションを1つずつ移動することを何というか。　　　　　　　　　　　　　　　　　　　　　　　　　　(　　　　　　　)

(7) (6)で，移動する向きは時計回りか，反時計回りか。　　　　(　　　　　　　)

4 バレーボールについて，次の図を見てあとの問いに答えなさい。　　4点×4〔16点〕

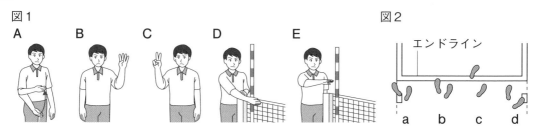

図1
A　B　C　D　E

図2
エンドライン
a　b　c　d

(1) **よく出る** 次の反則をそれぞれ何というか。また，その反則の合図を表しているものを図1の**A**〜**E**から選びなさい。

① ボールが体の2か所以上に触れる。　　　　　　（　　　　　，　　）

② ボールを相手コートに返すまでに4回触れる。　（　　　　　，　　）

③ 相手コート上のボールに，ネットを越えて触れる。（　　　　，　　）

(2) 図2で，フットフォールトとなるものを全て選びなさい。　　（　　　　　）

5 卓球台について，それぞれの名称を下の〔　　〕から選んで答えなさい。　　4点×3〔12点〕

① (　　　　　　　　　　)
② (　　　　　　　　　　)
③ (　　　　　　　　　　)

〔 エンドライン
　 センターライン
　 サイドライン 〕

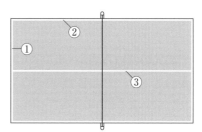

6 卓球について，あとの問いに下の〔　　〕から選んで答えなさい。　　3点×5〔15点〕

図1
A　B

図2

図3

(1) **よく出る** 図1の**A**，**B**のグリップの握り方をそれぞれ何というか。

A (　　　　　　　　　　) B (　　　　　　　　　　)

(2) 図2のような，ボールが上回転するような打ち方を何というか。　（　　　　　）

(3) 図3のような，上回転するボールに対して下回転するように打ち返す打ち方を何というか。　　　　　　　　　　　　　　　　　　　　　　（　　　　　）

(4) 相手コートに向かって強く打ち込むことを何というか。　　　　（　　　　　）

〔 シェークハンドグリップ　　ペンホルダーグリップ
　 カット　　スマッシュ　　ドライブ 〕

予想問題 球技（ネット型）

1 ソフトテニスについて，次の問いに答えなさい。　　　　　3点×4〔12点〕

(1) 右の図は，ソフトテニスのダブルスコートを表したものである。それぞれのラインの名称を次から選びなさい。

A（　　）　B（　　）　C（　　）

ア　ベースライン　　イ　サイドライン

ウ　サービスライン

(2) ウエスタングリップを表しているものを，次から選びなさい。

（　　）

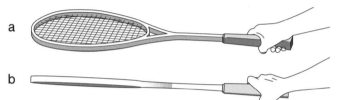

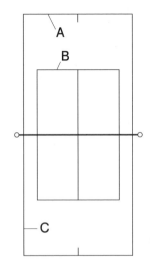

2 ソフトテニスの打ち方やルールについて，次の問いに答えなさい。　　　　4点×8〔32点〕

(1) 次のAのストロークとBのサービスをそれぞれ何というか。

A（　　　　　　　　　　　）　B（　　　　　　　　　　　）

(2) **よく出る** 次の打ち方をそれぞれ何というか。下の〔　　〕から選びなさい。

① ネット近くで，ボールがバウンドする前に直接打つこと。　　（　　　　　　）

② ボールが相手の頭上高く放物線を描いて飛ぶように打つこと。（　　　　　　）

③ 高く上がったボールを，上からたたき込むように強く打つこと。（　　　　　　）

〔　スマッシュ　　ボレー　　ロビング　〕

(3) 次のルールをそれぞれ何というか。下の〔　　〕から選びなさい。

① サービスのときに，ボールがネットに触れた後相手のコートに正しく入った場合，そのサービスをやり直す。　　　　　　　　　　　　　　　　　　（　　　　　　）

② ラケットや体がネットを越えたとき，失ポイントとなる。　　（　　　　　　）

③ ラケットや体がネットに触れたとき，失ポイントとなる。　　（　　　　　　）

〔　ネットオーバー　　ネットタッチ　　レット　〕

3 バドミントンのコートについて，次の問いに答えなさい。　　　4点×5〔20点〕

(1) A～Cのラインをそれぞれ何というか。次から選びなさい。

A（　　）　B（　　）　C（　　）

ア　ショートサービスライン

イ　センターライン

ウ　ダブルスサイドライン

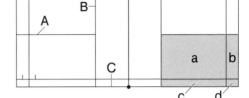

(2) シングルスサービスコートの区画として正しいものを次から選びなさい。　　（　　）

ア　a　　イ　aとb　　ウ　aとc　　エ　aとbとcとd

(3) ダブルスサービスコートの区画として正しいものを(2)のア～エから選びなさい。

（　　）

4 バドミントンの打ち方について，次の問いに答えなさい。　　　4点×9〔36点〕

(1) 右の図で，A～Cのストロークをそれぞれ何というか。次から選びなさい。

A（　　）　B（　　）　C（　　）

ア　アンダーハンドストローク

イ　オーバーヘッドストローク

ウ　サイドアームストローク

(2) ネットすれすれを越え，相手のショートサービスライン際をねらうサービスを何というか。　　（　　　　　　　）

(3) (2)のサービスを打つ様子を次から選びなさい。　　（　　）

(4) **よく出る** 次の打ち方をそれぞれ何というか。下の〔　　〕から選びなさい。

① ネット際の高い位置から，相手コートの床_{ゆか}にたたき落とすように飛ばす。

（　　　　　　　）

② 頭上に浮いたシャトルを高い打点から相手コートにたたき込むように強打する。

（　　　　　　　）

③ ネット際からネットの上部ぎりぎりを越えて，相手コートのネット際に落とす。

（　　　　　　　）

④ 相手の頭上を高く越えて，コートの後方まで飛ばす。　　（　　　　　　　）

〔　クリアー　　スマッシュ　　プッシュ　　ヘアピン　〕

球技（ゴール型①）

満点●ミッション

■バスケットボール

❶（ジェイムス・）ネイスミス
バスケットボールの考案者。アメリカのYMCAの体育教師。

❷ピボットターン
軸足を中心に方向転換するときに用いる。フロントターンとバックターンがある。

❸スリーポイントライン
コート上でツーポイントエリアとスリーポイントエリアの境目にあるライン。

❹イリーガルドリブル〔ダブルドリブル〕
審判の合図は右の図。

■ハンドボール

❺フリースローライン
コート上で，ゴールから9m離れた位置に引かれているライン。

❻キックボール
ひざよりも下の部分でボールに触れる反則。

テストに出る！ **ココが要点**

1　バスケットボール

(1) 歴史…1891年，アメリカの（❶　　　　　　　　）が考案した。

(2) 基本用語
- **シュート**…ゴールにボールを投げること。
- **ドリブル**…ボールをバウンドさせながら移動すること。
- **パス**…ボールを味方に渡すこと。
- （❷　　　　　　）**ターン**…ボールを持ちながら片足を軸にし，もう一方の足を四方に踏み出して動くこと。
- **リバウンド**…シュートが外れたボールを取ること。

(3) 競技場

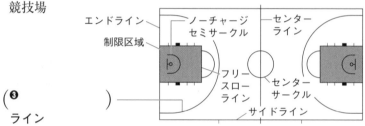

（❸　　　　　　　　）ライン

(4) バイオレーションやファウルの例
- **トラベリング**…ボールを持って**3歩以上**動く。
- （❹　　　　　　　）…ドリブル中に両手でボールに触れた後，再びドリブルする。
- **プッシング**…手や体で相手を押す。

2　ハンドボール

(1) 競技場

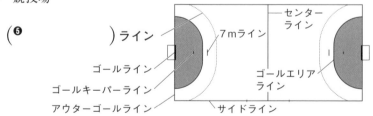

（❺　　　　　　　）ライン

(2) ルール
- **スローオフ**…試合の開始時や得点後にボールを投げること。
- **スローイン**…ボールがサイドラインからコート外に出たときの再開方法。
- **オーバーステップ**…ボールを持って**4歩以上**動いたときの反則。
- （❻　　　　　　　）…ひざから下の部分にボールが触れる反則。

予想問題 球技（ゴール型①）

⏱ 20分

/100点

1 バスケットボールの競技場について，次の問いに下の〔　〕から選んで答えなさい。

5点×6〔30点〕

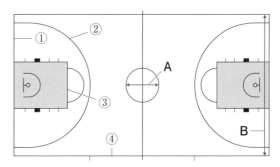

(1) ①〜④のラインをそれぞれ何というか。

①（　　） ②（　　）
③（　　） ④（　　）

(2) A，Bの長さはそれぞれ何mか。

A（　　） B（　　）

〔 　ア　フリースローライン　　イ　サイドライン　　ウ　スリーポイントライン
　エ　エンドライン　　オ　3.6m　　カ　4.9m　　キ　15m　　ク　28m 〕

2 よく出る バスケットボールで，①〜③のシュート，④，⑤のパス，⑥〜⑩の動きをそれぞれ何というか。下の〔　〕から選んで答えなさい。

7点×10〔70点〕

①（　　） ②（　　） ③（　　） ④（　　） ⑤（　　）
⑥（　　） ⑦（　　） ⑧（　　） ⑨（　　） ⑩（　　）

〔 　ア　ジャンプシュート　　イ　セットシュート　　ウ　レイアップシュート
　エ　ショルダーパス　　オ　チェストパス　　カ　コントロールドリブル
　キ　スピードドリブル　　ク　ジャンプストップ　　ケ　ストライドストップ
　コ　ピボットターン 〕

予想問題　球技（ゴール型①）

30分

/100点

1 次の表は，バスケットボールのバイオレーションやファウルについて表したものである。これについて，あとの問いに答えなさい。　　　　　　　　　　　　　　　　3点×12〔36点〕

名称	内容
（ ① ）秒ルール	攻撃側が制限区域内に（ ① ）秒以上とどまる。
（ ② ）秒ルール	近接して防御されてパスやドリブルなどを行えず，（ ② ）秒を超えてもボールを離さない。
（ ③ ）秒ルール	バックコートでボールを持っているチームが，（ ③ ）秒以内にボールをフロントコートに進めない。
（ ④ ）秒ルール	ボールを保持しているチームが（ ④ ）秒以内にシュートしない。
（ ⑤ ）	ボールを持って3歩以上動く。
（ ⑥ ）	相手に突き当たる。
（ ⑦ ）	相手の進行を妨げる。
（ ⑧ ）	相手を押さえる。

(1) **よく出る** 表の（　）に当てはまる語句を，下の〔　〕からそれぞれ選びなさい。

①（　　　　　）　②（　　　　　）　③（　　　　　）　④（　　　　　）

⑤（　　　　　）　⑥（　　　　　）　⑦（　　　　　）　⑧（　　　　　）

〔　3　　5　　8　　24　　チャージング　　トラベリング

　ブロッキング　　ホールディング　〕

(2) 表の⑤～⑧で，審判はどのような合図をするか。次からそれぞれ選びなさい。

⑤（　　）　⑥（　　）　⑦（　　）　⑧（　　）

A　　　　　　　B　　　　　　　C　　　　　　　D

2 バスケットボールについて，次の問いに答えなさい。　　　　　　2点×4〔8点〕

(1) シュートが外れたボールを取ることを何というか。　　　　　　（　　　　　　）

(2) ゴール下に向かってドリブルで攻め込むことを何というか。次から選びなさい。

（　　　　　　）

ア　ドライブイン　　イ　カットインプレイ　　ウ　ポストプレイ

(3) ゴール下に置いた人を起点に攻撃することを何というか。(2)から選びなさい。（　　）

(4) スリーポイントラインの内側からシュートしてゴールしたとき，得点は何点か。

（　　　　　　）

3 ハンドボールの競技場について，次の問い
に下の〔　〕から選んで答えなさい。

2点×6〔12点〕

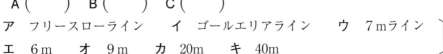

(1) ①～③のラインをそれぞれ何というか。

①(　　　) ②(　　　) ③(　　　)

(2) A～Cの長さはそれぞれ何mか。

A(　　) B(　　) C(　　)

〔　ア　フリースローライン　　イ　ゴールエリアライン　　ウ　7mライン
　エ　6m　　オ　9m　　カ　20m　　キ　40m　〕

4 ハンドボールについて，次の問いに答えなさい。

4点×11〔44点〕

(1) 次の技術の名称を，下の〔　〕からそれぞれ選び，記号で書きなさい。

① 強さや速さを調整しやすく，使われる機会の多いパス。　(　　　)

② クロスプレイなどで，後方の味方に確実にパスしたいときに使う。　(　　　)

③ 防御者の前から，防御者の間をねらって投げるロングシュート。　(　　　)

④ 走るリズムのままゴールエリアの手前からジャンプして行う，高い位置からのシュート。　(　　　)

⑤ 相手を抜き，大きく移動したいときに使われるドリブル。　(　　　)

⑥ 速攻でボールを運ぶときのドリブル。　(　　　)

⑦ 右の図のコンビプレイ。　(　　　)

〔　ア　アンダーハンドパス　　イ　クロスカットイン
　ウ　ジャンプシュート　　エ　ショルダーパス
　オ　ステップシュート　　カ　パラレルカットイン
　キ　連続ドリブル　　ク　ワンドリブル　〕

(2) オーバーステップとならないものを，次から全て選びなさい。　(　　　　　　)

A

B

C

D

(3) **よく出る** 次のとき，それぞれ何というプレイでゲームを再開するか。

① ボールがサイドラインからコート外に出たとき。　(　　　　　　)

② キックボールの違反があったとき。　(　　　　　　)

③ 防御のためにゴールエリアに入る違反があったとき。　(　　　　　　)

体育実技編

球技（ゴール型②，ベースボール型）

サッカー

❶キックオフ

ゲームの開始時にセンターマークに置かれたボールを動かすこと。

❷トラッピング

足の裏や胸，ももなどを使ってボールの勢いを止め，ボールを足元にコントロールするプレイ。

❸オフサイド

オフサイドポジションで待ちぶせをして，攻撃を有利にしようとすることを禁止するルール。

ソフトボール

❹捕手〔キャッチャー〕

投手の投げた球を受ける内野手。

❺右翼手〔ライト〕

打者から見て右の方向の守備位置にいる外野手。

❻オレンジベース

内野ゴロのときなど，打者走者が1塁を駆け抜けるときに踏むベース。1塁手と打者走者との接触を防ぐために設けられる。

テストに出る！ ココが要点

1 サッカー

(1) 公式ルール
- ●各チームのプレイヤーは__11人__。
- ●ゲームは（❶　　　　　　　　）で開始する。

(2) 基本用語
- ●__ドリブル__…ボールを足元でコントロールし，自ら運ぶ。
- ●__ヘディング__…高いボールを頭で処理するプレイ。
- ●（❷　　　　　　　　）…ボールの勢いを止めて，自分の足元にコントロールしたいときのプレイ。
- ●__マーク__…シュートコースを消すことやパスコースを遮ることを考えてプレッシャーをかける。
- ●（❸　　　　　　　　）…オフサイドポジションにいて，攻撃を有利にしようとするプレイを禁止するルール。

2 ソフトボール

(1) ポジション

- ①投手（ピッチャー）　②（❹　　　　　　　）
- ③1塁手（ファースト）　④2塁手（セカンド）
- ⑤3塁手（サード）　⑥遊撃手（ショート）
- ⑦左翼手（レフト）　⑧中堅手（センター）
- ⑨（❺　　　　　　　）

(2) 基本用語と公式ルール
- ●__ゴロ__…地面をバウンドして転がる打球。
- ●__フライ__…高く空中に上がった打球。
- ●**ストライクゾーン**　●**フェアボール**　●**ファウルボール**

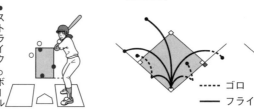

　- - - - - ゴロ
　──── フライ

- ●攻撃側の__3人__がアウトになると，攻守を交代する。__7回__の攻防（イニング）で戦う。
- ●1塁は**ダブルベース**になっていて，打者走者が1塁を駆け抜けるときは，（❻　　　　　　　）ベースを踏む。

予想問題 球技（ゴール型②）

⏱ 20分

/100点

1 **よく出る** サッカーのフィールドについて，次の問いに下の〔　　〕から選んで答えなさい。　6点×6〔36点〕

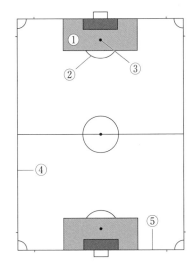

(1) ①のエリアを何というか。　（　　　　　　　　）

(2) ②〜⑤のラインやマークをそれぞれ何というか。

②（　　　　　　　）　③（　　　　　　　）

④（　　　　　　　）　⑤（　　　　　　　）

(3) ゴールから③までの長さは何mか。

（　　　　　　　　）

```
ゴールエリア　　ペナルティエリア
ペナルティマーク　　ペナルティアーク
タッチライン　　ゴールライン
9.15m　　11m　　16.5m
```

2 サッカーで，次の動きをそれぞれ何というか。下の〔　　〕から選んで答えなさい。

8点×8〔64点〕

① つま先を外側に向けて足の内側で蹴る。コントロールに重点を置いたキック。

（　　　　　　　　）

② つま先を内側に向けて足の外側で蹴る。相手の意表をつくパスに有効なキック。

（　　　　　　　　）

③ つま先をやや外側に向けて足の親指のつけ根付近で蹴る。浮いたボールを送るときのキック。

（　　　　　　　　）

④ つま先を下に向けて足の甲で蹴る。ボールを遠くに飛ばすときや，強いボールを蹴りたいときのキック。

（　　　　　　　　）

⑤ 1対1での防御を，相手の動きの逆をつくことでかわして突破するときの動き。

（　　　　　　　　）

⑥ 高いボールに対して，額を使って処理するときの動き。

（　　　　　　　　）

⑦ ボールの勢いを止めて，ボールを自分の足元にコントロールするときの動き。

（　　　　　　　　）

⑧ 防御者の背後のスペースをねらい，2人並んだ防御者の間から味方にパスを出す動き。

（　　　　　　　　）

```
アウトサイドキック　　インサイドキック　　インステップキック
インフロントキック　　トラッピング　　スルーパス
フェイント　　ヘディング　　壁パス
```

予想問題 球技（ゴール型②，ベースボール型）

🕐30分

/100点

1 よく出る サッカーの公式ルールについて，あとの問いに答えなさい。 4点×6〔24点〕

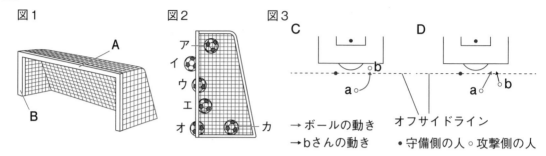

図1 　　　図2 　　　図3

→ ボールの動き
→ bさんの動き

オフサイドライン

•守備側の人 ○攻撃側の人

(1) サッカーゴールについて，図1のA，Bの部分をそれぞれ何というか。

A（　　　　　　　　） B（　　　　　　　　）

(2) 図2で，ゴールが認められるものを全て選びなさい。 （　　　　　　　　）

(3) 図3で，aさんからbさんへのパスがオフサイドとなるのはどちらか。 （　　　　　）

(4) ゲームは1チーム何人のプレイヤーで行われるか。 （　　　　　）

(5) 間接フリーキックで試合が再開されるものを，次から選びなさい。 （　　　　　）

ア　ボールが攻撃側のプレイヤーに触れた後，ゴールラインを越えて外に出たとき。

イ　ボールが守備側のプレイヤーに触れた後，ゴールラインを越えて外に出たとき。

ウ　オフサイドの反則があったとき。

エ　ボールを意図的に手や腕で扱う反則があったとき。

オ　相手を手や体で押す反則があったとき。

カ　相手を手や体で押さえつける反則を，自陣のペナルティエリア内で行ったとき。

2 サッカーについて，次の問いに答えなさい。 4点×6〔24点〕

(1) 次のポジションを何というか。下の〔　　〕からそれぞれ選びなさい。

①　攻撃の中心で，相手の守備を突破して得点する。 （　　　　　　　　）

②　相手の攻撃をくい止める。 （　　　　　　　　）

③　②のポジションの人からボールを受け，①のポジションの人にパスを出す，攻撃のかなめ。ゲームを組み立てる。 （　　　　　　　　）

④　自陣のゴールを守る。 （　　　　　　　　）

〔　DF　　FW　　GK　　MF　〕

📝記述 (2) 飛んできたボールを胸でトラッピングしたとき，遠くにはね返ってしまって足元でコントロールできない友だちがいる。この友だちにするとよいアドバイスを1つ書きなさい。

（　　　　　　　　　　　　　　　　　　　　　　　　　　　）

(3) 味方どうしで合図するとき，言葉をかけず，目で合図することを何というか。

（　　　　　　　　　　　　）

3 **よく出る** ソフトボールについて，次の問いに答えなさい。　　　2点×14〔28点〕

(1) 図1で，①〜⑨のポジションをそれぞれ何というか。

① (　　　　　　) ② (　　　　　　)

③ (　　　　　　) ④ (　　　　　　)

⑤ (　　　　　　) ⑥ (　　　　　　)

⑦ (　　　　　　) ⑧ (　　　　　　)

⑨ (　　　　　　)

図1

①〜⑥内野手
⑦〜⑨外野手

(2) ストライクゾーンについて，次の文の(　　)に当てはまる語句を書きなさい。　　　① (　　　　　　) ② (　　　　　　)

> ストライクゾーンとは，打者の(　①　)の下から(　②　)の上部の間で，本塁の上方にある空間のことである。

(3) 図2のボールの軌跡のうち，ファウルボールをすべて選びなさい。　　　(　　　　　　)

図2
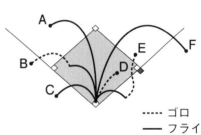
-------- ゴロ
———— フライ

(4) 公式ルールについて，次の文の(　　)に当てはまる数字を書きなさい。　　　① (　　) ② (　　)

> 攻撃側の(　①　)人がアウトになると，攻守を交代する。(　②　)回の攻防が終わったところで得点の多いチームが勝ちとなる。

4 ソフトボールの技術について，次の問いに答えなさい。　　　4点×6〔24点〕

(1) バットの操作がしやすくミートしやすい握り方を，図のA，Bから選びなさい。　　　(　　)

(2) 長打が出やすいバットの持ち方を，図のC，Dから選びなさい。　　　(　　)

(3) フライの補球の仕方を次から選びなさい。　　　(　　)

　ア　素早くボールの落下点に入り，顔のやや横で捕球する。

　イ　重心を低くして，体の正面で捕球する。

記述 (4) 走塁でオレンジベースを駆け抜けるのは，どのような球を打ったときか。
(　　　　　　　　　　　　　　　　　　　　　)

(5) 攻撃チームの2人を一連のプレイでアウトにすることを何というか。
(　　　　　　　　　　　　　　)

(6) 腕を大きく1回転させるような投球を何というか。次から選びなさい。　　　(　　)

　ア　スリングショットモーション　　イ　ウインドミルモーション

武道，ダンス

満点 ミッション

柔道

❶嘉納治五郎（かのうじごろう）
柔道の創設者。1882年に講道館を設立した。

❷かかり練習
取と受を決め，同じ技を繰り返し練習すること。崩し，体さばき，かけ方などを身に付ける。

❸立礼
両かかとをつけ，手を前にして，背筋を伸ばしたまま上体を約30度曲げて行う礼。

❹崩し
投げ技の前に相手の姿勢を不安定にさせ，技をかけやすくすること。8つの方向がある。

剣道

❺残心（ざんしん）
打突した後も油断せず，相手の攻撃に応じられる心構えと身構え。

相撲

❻そんきょ
ひざを開き，背筋を伸ばした，下の図の姿勢。

テストに出る！ ココが要点

1 柔道

(1) 歴史…1882年に（❶　　　　　　　）が創設した武道。

(2) 練習方法
- （❷　　　　　　）練習…取（技をかける人）と受（技をかけられる人）を決め，同じ技を繰り返し行う練習。
- **約束練習**…あらかじめ技や動きを約束して行う練習。
- **自由練習**…自由に技をかけ合う練習。**乱取り**ともいう。

(3) 礼法
- 立って行う（❸　　　　　　）と座って行う座礼がある。
- 立ち方と座り方…座るときは左足から，立つときは右足から行う（左座右起）。

(4) 基本動作

自然体　　　自護体

- 姿勢…**自然体**（基本の姿勢）と**自護体**（防御の姿勢）がある。
- （❹　　　　　　）…相手の体勢を崩し，不安定にすること。
- **体さばき**…技をかけるために自分の体を移動させること。
- 受け身…投げられたときに安全に倒れる方法。

2 剣道

(1) 有効打突（一本）…竹刀の刃部で面部，小手部，胴部を充実した**気勢と適正な姿勢で刃筋**正しく打ち，（❺　　　　　　）のあるもの。中学生には**突き**は認められていない。

(2) 竹刀の各部の名称

剣先　先革　中結　　　　つば　　柄頭

3 相撲

(1) 基本動作
- **ちりちょうず**…取り組みの前に（❻　　　　　　）の姿勢で行う礼法。
- **四股**（しこ）…右の図。
- **中腰の構え**…基本となる姿勢。
- 基本となる技術…押し，寄り，前さばき，投げ技など。

4 創作ダンス

(1) 「はじめ→なか→おわり」という流れを意識して，イメージに合った表現の仕方を工夫し，作品全体を構成し，表現する。

(2) 動きの効果

●（**❼**　　　　　）　●<u>アシンメトリー</u>　●<u>リフト</u>
　（対称）　　　　　（非対称）

●（**❽**　　　　　）…全員で同じ動きを行う。
●<u>カノン</u>…同じ動きを輪唱のようにずらして行う。

5 フォークダンス

(1) 日本の民踊（民謡）
　●山形県の<u>花笠音頭</u>，岐阜県の**春駒**，福岡県の<u>炭坑節</u>，鹿児島県の<u>鹿児島おはら節</u>など。

(2) 外国のフォークダンス
　●旧チェコスロバキアのドードレブスカ・ポルカなど。

(3) 外国のフォークダンスのポジション

<u>バルソビアナ</u>　　<u>オープン</u>　　（**❾**　　　　　）
ポジション　　　ポジション　　ポジション

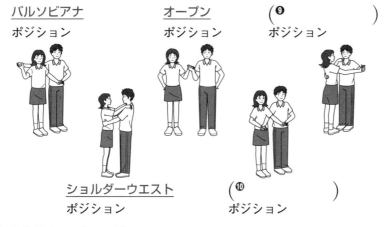

<u>ショルダーウエスト</u>　　（**❿**　　　　）
ポジション　　　ポジション

6 現代的なリズムのダンス

(1) （**⓫**　　　　　）…4分の4拍子で，8分音符刻みのリズム。

(2) <u>ロック</u>…8ビートを基本としたシンプルなビートを強調。

(3) <u>ヒップホップ</u>…8ビートや，より細分化したビートを基本とすることが多い。

(4) （**⓬**　　　　　）…強拍と弱拍の位置関係を変えることで，音楽のリズムに緊張感を生み出す手法。

 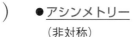

満点◎ミッション

▨▨▨ **創作ダンス** ▨▨▨

❼ <u>シンメトリー</u>
対称のこと。この動きによって，整った印象を与える。

❽ <u>ユニゾン</u>
同じ動きを同時に行うこと。統一感や迫力が表現できるが，多用すると単調になることがある。

▨▨▨ **フォークダンス** ▨▨▨

❾ <u>クローズドポジション</u>
男性の左手と女性の右手をつなぎ，男性の右手は女性の腰に，女性の左手は男性の肩にそえたポジション。

❿ <u>プロムナードポジション</u>
男女が同じ方向を向いて立ち，体の前で右手どうし，左手どうしをつないだポジション。

▨▨▨ **現代的なリズムのダンス** ▨▨▨

⓫ <u>8ビート</u>
ロックやポピュラー音楽に多く見られる，8分音符刻みのリズム。2拍目と4拍目にアクセントがある。

⓬ <u>シンコペーション</u>
拍の強弱に逆転や変化をもたらすこと。リズムに緊張感を生み出す。

予想問題 武道

⏱30分

/100点

1 柔道について，あとの問いに答えなさい。　　　　　　　3点×16〔48点〕

図1　　　　　図2　　　　　Aさん　　　　　　　　　　　　　図3

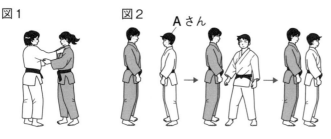 

図4　a　　　　　　　　b　　　　　　　　　　c

(1) **よく出る** 柔道の創設者は誰か。　　　　　　　　　　（　　　　　　　）

(2) 礼法として正しいものを次から選びなさい。　　　　　　（　　　　　　　）

　ア　立礼では，背筋を伸ばして上体を約45度曲げる。

　イ　座礼では，ひざの間をこぶし2つ分あけて正座し，両手をハの字につく。

　ウ　座るときは右足から，立つときは左足から行う。

(3) 練習で，技をかけられる人を何というか。　　　　　　　（　　　　　　　）

(4) 練習で，技をかける人を何というか。　　　　　　　　　（　　　　　　　）

(5) 図1の組み方で，右手と左手をそれぞれ何手というか。次の〔　　〕から選びなさい。

　　　　　　　　　右手（　　　　　　　）　左手（　　　　　　　）

　〔　つり手　　引き手　〕

(6) 図2で，Aさんが行った体さばきを何というか。　　　　（　　　　　　　）

(7) 図3の受け身を何というか。　　　　　　　　　　　　　（　　　　　　　）

(8) 柔道の投げ技を1つ書きなさい。　　　　　　　　　　　（　　　　　　　）

(9) **よく出る** 図4で，a～cの固め技をそれぞれ何というか。次の〔　　〕から選びなさい。

　　　　　　　a（　　　　　　　）　b（　　　　　　　）　c（　　　　　　　）

　〔　横四方固め　　上四方固め　　本けさ固め　〕

(10) 国際ルールについて，次の文の（　　）に当てはまる語句を書きなさい。

　　①（　　　　　　）　②（　　　　　　）　③（　　　　　　）　④（　　　　　　）

> 　投げ技では，背が畳につくように，（①）と（②）をもって着地の終わりまでコントロールして投げたときに一本となり，この要素が部分的に不足すると（③）となる。固め技では，相手を（④）秒間抑え込むと一本となる。

2 剣道について，次の問いに答えなさい。 3点×8〔24点〕

(1) 攻防において基本となる図1の構えを何というか。

（　　　　　　　　　）

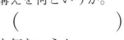

図1

(2) 剣道の基本となる図2の間合いを何というか。

（　　　　　　　　　）

(3) **よく出る**　公式ルールでの有効打突について，次の文
の（　　）に当てはまる語句を書きなさい。

　　　① (　　　　　　　)　② (　　　　　　　)
　　　③ (　　　　　　　)　④ (　　　　　　　)

図2

> 竹刀の刃部で有効打突部位を，充実した（ ① ）と
> 適正な（ ② ）で（ ③ ）正しく打突し，（ ④ ）のある
> ものを有効打突とする。

(4) 中学生に認められている有効打突部位を1つ書きなさい。　（　　　　　　　　　）

(5) しかけ技について，次から正しいものを全て選びなさい。　（　　　　　　　　　）

　ア　相手が技を起こす前に自分からしかけて相手のすきをつくり，打突する技。

　イ　相手がしかけてきたときに応じる技。

　ウ　抜き技，すり上げ技などがある。

　エ　連続(二段の)技，引き技，出ばな技，払い技などがある。

3 相撲について，あとの問いに答えなさい。 4点×7〔28点〕

図1

図2

図3

(1) **よく出る**　取り組みの前に図1の姿勢で行う，正々堂々と戦うことを示す礼法を何とい
うか。

（　　　　　　　　　）

(2) 図2の基本動作を何というか。　（　　　　　　　　　）

(3) 押しや突きの基本練習である図3を何というか。　（　　　　　　　　　）

(4) 次の基本となる技の名称を下の〔　　〕からそれぞれ選びなさい。

　①　相手の胸に額をつけ，相手の両脇の下に手を当てて押すこと。　（　　　　　　　）

　②　①に対し，相手の差し手を押し上げる前さばき。　（　　　　　　　）

　③　相手のまわしを取って引きつけながら進むこと。　（　　　　　　　）

　④　③に対し，相手の差し手を逆に下手に差しかえる前さばき。　（　　　　　　　）

〔　押し　　寄り　　押っつけ　　絞り込み　　巻き返し　　上手投げ　　下手投げ　〕

テストに出る!

予想問題 ダンス

⏱ 30分

/100点

1 創作ダンスについて，あとの問いに答えなさい。　　　　　　　5点×6〔30点〕

A
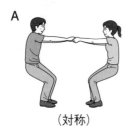
（対称）

B

（非対称）

C

（同じ動きを同時に行う）

D

（同じ動きを輪唱のようにずらして行う）

E

(1) **よく出る** 図の動きの効果をそれぞれ何というか。次の〔　〕から選びなさい。

　　　　　A（　　　　　　）　B（　　　　　　）　C（　　　　　　）
　　　　　D（　　　　　　）　E（　　　　　　）

〔　アシンメトリー　　カノン　　シンメトリー　　ユニゾン　　リフト　〕

(2) 創作ダンスの表現方法として正しいものを，次から全て選びなさい。

　　　　　　　　　　　　　　　　　　　　　　　　（　　　　　　　　）

ア　はじめ→なか→おわりの流れを意識して作品全体を構成し，表現するとよい。

イ　高い→低い，強い→弱い，走る→止まるなどの対極の動きを1回だけ取り入れて表現
　するとよい。

ウ　密集したり，分散したりするなど，群（集団）の動きで表現するのもよい。

エ　音楽や衣装を使って表現することは効果的でよいが，小道具を使って表現することは
　効果的ではない。

2 次の日本の民踊が伝承されている都道府県を，下の〔　〕からそれぞれ選んで答えなさい。

4点×5〔20点〕

① 春駒　　　　　　　（　　　　　　　　）
② 炭坑節　　　　　　（　　　　　　　　）
③ 花笠音頭　　　　　（　　　　　　　　）
④ ソーラン節　　　　（　　　　　　　　）
⑤ よさこい鳴子踊り　（　　　　　　　　）

いろいろな地域の踊りを調べてみよう。

〔　北海道　　山形県　　岐阜県　　高知県　　福岡県　〕

3 フォークダンスについて，あとの問いに答えなさい。 5点×6〔30点〕

A  B  C  D  E

(1) **よく出る** 図のA～Eのポジションをそれぞれ何というか。次から選びなさい。

A (　　) B (　　) C (　　) D (　　) E (　　)

ア　オープンポジション　　イ　クローズドポジション

ウ　バルソビアナポジション　　エ　ショルダーウエストポジション

オ　プロムナードポジション

(2) 進行方向を表すLODとは，時計回りと反時計回りのどちらのことか。

(　　　　　　　)

4 現代的なリズムのダンスについて，あとの問いに答えなさい。 4点×5〔20点〕

図1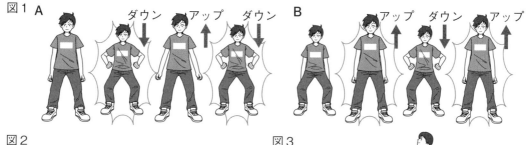

図2　　　　　　　　　　　　図3

(1) 図1で，アップのリズムでカウントをとっているのはどちらか。　　(　　)

(2) 図2のように，四角形の形に踏むステップを何というか。次の〔　　〕から選びなさい。

(　　　　　　　　　)

〔　キックステップ　　ボックスステップ　　ランニングマン　　ウエーブ　〕

(3) 図3のように，その場で走っているように見える動きを何というか。(2)の〔　　〕から選びなさい。

(　　　　　　　　　)

(4) 4分の4拍子で，8分音符刻みのリズムを何というか。　　(　　　　　　　)

(5) 強拍と弱拍の位置関係を変えることで，音楽のリズムに緊張感を生み出す手法を何というか。

(　　　　　　　)

体育特集　スポーツ時事や学校行事についてまとめよう。

① オリンピック　オリンピックについて，まとめよう。

(1)　前回のオリンピック　　開催都市 ＿＿＿＿＿＿＿＿＿＿＿　国 ＿＿＿＿＿＿＿＿＿＿

(2)　前回のオリンピックで話題になった選手(チーム)

●選手(チーム) ＿＿＿＿＿＿＿＿＿＿　競技 ＿＿＿＿＿＿＿＿＿＿

話題になった理由 ＿＿＿＿＿＿＿＿＿＿＿＿＿＿＿＿＿＿＿＿＿＿＿＿

●選手(チーム) ＿＿＿＿＿＿＿＿＿＿　競技 ＿＿＿＿＿＿＿＿＿＿

話題になった理由 ＿＿＿＿＿＿＿＿＿＿＿＿＿＿＿＿＿＿＿＿＿＿＿＿

●選手(チーム) ＿＿＿＿＿＿＿＿＿＿　競技 ＿＿＿＿＿＿＿＿＿＿

話題になった理由 ＿＿＿＿＿＿＿＿＿＿＿＿＿＿＿＿＿＿＿＿＿＿＿＿

(3)　次回のオリンピック　　開催都市 ＿＿＿＿＿＿＿＿＿＿＿　国 ＿＿＿＿＿＿＿＿＿＿

② スポーツ時事　最近話題になったスポーツ選手(チーム)について，まとめよう。

●選手(チーム) ＿＿＿＿＿＿＿＿＿＿　競技 ＿＿＿＿＿＿＿＿＿＿

話題になった理由 ＿＿＿＿＿＿＿＿＿＿＿＿＿＿＿＿＿＿＿＿＿＿＿＿

●選手(チーム) ＿＿＿＿＿＿＿＿＿＿　競技 ＿＿＿＿＿＿＿＿＿＿

話題になった理由 ＿＿＿＿＿＿＿＿＿＿＿＿＿＿＿＿＿＿＿＿＿＿＿＿

●選手(チーム) ＿＿＿＿＿＿＿＿＿＿　競技 ＿＿＿＿＿＿＿＿＿＿

話題になった理由 ＿＿＿＿＿＿＿＿＿＿＿＿＿＿＿＿＿＿＿＿＿＿＿＿

③ 学校行事　学校行事や体育の授業について，まとめよう。

(1)　学校行事(運動会など)

出場した競技 ＿＿＿＿＿＿＿＿＿＿＿＿＿＿＿＿＿＿＿＿＿＿＿＿

ルールや注意点 ＿＿＿＿＿＿＿＿＿＿＿＿＿＿＿＿＿＿＿＿＿＿＿＿

テーマやスローガン ＿＿＿＿＿＿＿＿＿＿＿＿＿＿＿＿＿＿＿＿＿＿

(2)　体育の授業　　行った競技 ＿＿＿＿＿＿＿＿＿＿＿＿＿＿＿＿

授業の流れやルール ＿＿＿＿＿＿＿＿＿＿＿＿＿＿＿＿＿＿＿＿＿＿

学んだこと ＿＿＿＿＿＿＿＿＿＿＿＿＿＿＿＿＿＿＿＿＿＿＿＿＿＿

中間・期末の攻略本

解答と解説

保健体育　1〜3年　全教科書対応

この「解答と解説」は，取りはずして使えます。

1年

体育編　1章 スポーツの多様性

p.2　ココが要点

❶楽しさ　　❷気晴らし　　❸見る
❹支える　　❺健康　　　　❻仲間

p.3　予想問題

1 D

2 ①イ，ク　②ウ，カ　③オ，キ
　　④ア，エ

3 (1)例体を動かすことの心地よさを楽しむ。
　　(2)例ルールやマナーを守り，フェアに競う。
　　(3)例互いの違いやよさを認める。

解説

1 Dは健康を保持増進するために必要なものとしてのスポーツを表している。

2 ③スポーツクラブの監督やメンバーの家族，観客の誘導や会場の整備などもスポーツを支えることになる。

3 (1)体の動きや体力を高めることを楽しむなどの方法もある。
(2)健闘をたたえ合うなどの方法もある。
(3)自己やグループの力を高め合うなどの方法もある。

保健編　1章 健康な生活と病気の予防(1)

p.4〜5　ココが要点

❶主体　　　❷素因　　　　❸環境　　　❹気分転換
❺生活習慣　❻基礎代謝量　❼栄養素
❽抵抗力　　❾休養　　　　❿睡眠　　　⓫生活習慣

---

p.6〜7　予想問題

1 ①主体　②環境　③素因　④（生活）習慣
　　⑤生物学　⑥社会　⑦ア　⑧イ

2 (1)ア，エ，オ，カ
　　(2)例ストレスを和らげる。
　　　〔気分転換を図れる。〕
　　(3)①，②，⑤に○

3 (1)基礎代謝量　　(2)栄養素
　　(3)①たんぱく質　②カルシウム　③鉄
　　　④ビタミンA　⑤脂肪
　　(4)例体温を上げる。
　　　〔体や脳がうまく働くようにする。
　　　午前中の活動に必要なエネルギーや栄養素を補給する。〕

4 (1)①やる気　②不快　③肩　④ぼやけ
　　　⑤いらいら
　　(2)ある。　　(3)睡眠
　　(4)休息をとる。〔入浴する。栄養補給をする。軽い運動をする。〕

解説

1 健康は，主体と環境の両方をよい状態に保つことによって成り立っている。

2 (1)心臓の拍出量も肺活量も増大する。
(3)③ ミス注意 中学生の頃から日常生活の中で運動をして，適切な運動習慣を身に付けることが大切である。
④強すぎる運動は安全ではなく，軽すぎる運動は効果がない。

3 (2)基礎代謝量に生活活動や運動によって消費するエネルギー量を加えた量を，食事によって補給する。このとき，栄養素をバランスよくとることが必要である。そのためにも，いろいろな食品をバランスよく食べるようにする。
(4)朝食を抜かず，規則正しい食生活を送ること

が大切である。

④ (1)疲労の現れ方は，活動の内容や環境条件，個人によって違いがある。

(3)睡眠には，体の抵抗力を高めたり，精神を安定させたりする効果もある。

保健編 **2章 心身の機能の発達と心の健康①**

p.8〜9 ▶ ココが要点

❶発育急進期　❷生殖器　❸呼吸器
❹循環器　❺呼吸数　❻肺活量
❼心拍数〔脈拍数〕　❽拍出量　❾性腺刺激
❿排卵　⓫月経　⓬精液
⓭射精　⓮着床　⓯妊娠

p.10〜11 ▶ 予想問題

① (1)発育　(2)発達　(3)2回
(4)発育急進期　(5)ある。
(6)Aイ　Bア　Cエ　Dウ

② (1)ア，エ，オ　(2)エ　(3)ア，エ
(4)イ，ウ　(5)イ，ウ　(6)少ない。

③ ①下垂体　②性腺刺激　③卵巣　④女性
⑤精巣　⑥男性

④ (1)A精のう　B前立腺　C卵管　D子宮
E腟
(2)①精子　②精液　③射精　④精通
(3)①卵子　②排卵　③子宮内膜　④月経
⑤初経　⑥着床

解説

① (1)(2) **ミス注意** 発育は器官の大きさが増すこと，発達は器官の働きが高まること。

② (3)呼吸器の発育・発達に伴い，肺胞の数が増えたり肺全体が大きくなったりすると，1回の呼吸量が増える。そのため，呼吸数が減少する。
(5)循環器の発育・発達に伴い，心臓が大きくなったり，収縮する力が強くなったりすると，1回の拍出量が増大する。そのため，心拍数が減少する。

③ 脳の下垂体から性腺刺激ホルモンが分泌され，その刺激で生殖器が発達する。その結果，生殖器からの女性ホルモン，男性ホルモンの分泌が活発になり，男女の体つきにそれぞれの特徴的な変化が現れる。

---

④ (3)精子は腟から子宮を通って卵管へ進む。排卵された卵子は精子と受精すると受精卵になる。受精卵が卵管から子宮へ移動し，子宮内膜に着床すると妊娠が成立する。

保健編 **2章 心身の機能の発達と心の健康②**

p.12〜13 ▶ ココが要点

❶性的欲求〔性衝動〕　❷情意　❸知的
❹感情　❺意思　❻社会
❼自立　❽自己形成　❾生理的
❿社会的〔心理的・社会的〕
⓫欲求不満　⓬ストレス

p.14〜15 ▶ 予想問題

① (1)①異性　②性的欲求〔性衝動〕
(2)違う。　(3)ある。　(4)ア，ウ

② (1)大脳　(2)知的機能　(3)情意機能
(4)ア，イ　(5)A快　B怒り
(6)例生活や行動の範囲，人間関係が広がる中で，さまざまな経験をすることによって発達する。
(7)①自立　②甘え

③ ①，④，⑤に○

④ (1)口の中渇く。　心臓心拍数が増える。
(2)心身相関　(3)生理的欲求
(4)社会的欲求〔心理的・社会的欲求〕
(5)ウ，エ，カ，キ
(6)実現に向けて努力する。
気持ちを切り替える。
誰かに相談する。　などから2つ
(7)必要。　(8)ある。
(9)心身をリラックスさせる。
気分転換をする。
見方や考え方を変える。
信頼できる相手に相談する。
上手なコミュニケーション方法を身に付ける。
などから2つ

解説

① (3)性意識の変化には個人差がある。自分の気持ちを押しつけたり，我慢して相手の気持ちに従ったりするのではなく，お互いを尊重し合う

関係を築くことが大切である。

(4) **ミス注意** 私たちの周りにはたくさんの性情報があふれている。しかし，これらの情報の中には正しくないものも含まれている。また，いたずらに性衝動をあおろうとしているものもある。誤った情報に惑わされて行動すると，犯罪に巻き込まれたり，心身ともに傷ついたりすることがある。信頼できる情報を選択し，適切な責任ある行動をとることが大切である。

2 (2)知的機能は，さまざまな経験や学習を積み重ねることで発達していく。

(3)(4)うれしい，悲しいなどの気持ちを感情といい，人間関係が深まる中で相手の感情を理解し，共感できるようになっていく。また，その場にふさわしい感情の表し方ができるようになる。目標のために自分の行動を決めるなどの心の働きを意思という。

(6)社会生活に必要な態度や考え方を社会性という。生活の場が広がったり，人と接する機会が増えたりすることで発達していく。

(7)社会性が発達してくると，大人の保護から抜け出し，自立したいという気持ちと，自立する自信がなく，大人に甘えたい気持ちの間で揺れ動くことが多くなる。

3 ①②自分と他人の違いや，他人が自分の姿をどのように見ているのかを強く意識するようになる。

③自分自身を客観的に見ることで，理想の自分と現実の自分との隔たりに悩むこともある。

⑥自分の長所も短所もすべて受け入れ，ありのままの自分が好きだと思えるようになることが大切である。

4 (1)(2)心の状態が体に現れ，また，体の状態が心に現れることがある。

(5)ア，イ，オは生理的欲求，ウ，エ，カ，キは社会的欲求である。

(6)思春期には，欲求が複雑で多様になる。自分の欲求に気づき，適切に対処することで心の健康を保つことが大切である。

(7)〜(9)適度なストレスは心の発達に役立つが，ストレスが大きすぎると心身に悪影響を及ぼすことがある。自分のストレスに気づき，適切に対処することが大切である。

2年

体育編 **2章 スポーツの効果と学び方や安全な行い方**

p.16 ▶ **ココが要点**
❶体力　❷ルール　❸マナー　❹技術
❺戦術　❻作戦　❼自然

p.17 ▶ **予想問題**

1 (1)①○　②×　③○　④○　⑤○　⑥×
　(2)ルール　(3)マナー

2 (1)技術　(2)戦術　(3)作戦
　(4)ア→ウ→イ→エ

3 ①強さ〔強度〕　②時間　③頻度
　(①〜③順不同)
　④準備　⑤水分　⑥整理

解説

1 (1)②スポーツを行うことは，体力の維持や向上に効果がある。

⑥ **ミス注意** スポーツを行うことは，ストレスの解消やリラックスの効果が期待できる。

(2)スポーツを公正・公平・平等に行うための条件がルールである。ルールは仲間の技能や体力，施設の状況などに応じて調整することが必要である。

(3)マナーに違反してもペナルティはないが，お互いを尊重し，よいマナーでプレイすることが大切である。これをフェアプレイという。

2 (1)〜(3)身に付けた技術をもとに，試合中にどの技術を選択するかを戦術という。対戦相手や条件に応じてどの戦術を選択するかなどの試合の行い方の方針を作戦という。

3 ④準備運動を行うことで体を温め，関節の動く範囲を広げておく。これにより，けがを防ぐことができる。

⑤脱水症状や熱中症を防ぐために，適宜水分を補給する。また，一緒に活動している仲間の安全の確認も大切である。

⑥整理運動を行うことで疲労した筋肉を沈静化させておく。これにより，疲労が回復しやすくなる。

p.18～19　ココが要点

❶生活習慣病　❷心臓病　❸脳卒中

❹糖尿病　❺がん　❻がん検診

❼ニコチン　❽主流煙　❾アルコール

❿アルコール依存症　⓫覚醒剤

⓬社会的環境

p.20～21　予想問題

1　(1)生活習慣病

　(2)がん，心臓病，脳卒中

2　(1) A 塩分　B 脂肪(分)

　(2) C 運動　D 睡眠　(3)心臓病，脳卒中

　(4)糖尿病　(5)歯周病

3　①×　②×　③○　④○　⑤○　⑥○

　⑦○　⑧×

4　(1)がん　　(2)イ，エ，オ，カ

　(3)細菌〔ウイルス〕　　(4)がん検診

　(5)ア，ウ

解説

1　食生活の変化や運動不足などにより，生活習慣病が死因の上位を占めるようになっている。また，高齢化に伴う問題やストレスによる不調など，新たな健康問題が生じている。

2　(3)不適切な生活習慣は，血管が硬くもろくなる動脈硬化につながる。心臓病には，血管の中が狭くなる狭心症や血管が詰まる心筋梗塞がある。脳卒中には，血管が詰まる脳梗塞や血管が破れる脳出血がある。

　(4)糖尿病になると，心臓病や脳卒中につながるだけでなく，腎臓や目などにも病気が起こるようになる。

3　①子どもが生活習慣病になる例もある。

　②生活習慣病の多くは，初期の段階で自覚症状がない。早期発見・早期治療が大切である。

4　(2)禁煙，節酒，食生活の見直しや適度な運動，適正体重の維持など，生活習慣を望ましいものにすることで危険性を減らすことができる。

　(5)がんの治療方針は，患者の同意に基づいて決定される。

1　(1)①ニコチン　②タール　③一酸化炭素

　　④依存性　⑤発がん性　⑥酸素

　(2)主流煙　　(3)副流煙　　(4)多い。

　(5)受動喫煙

　(6)例禁煙〔分煙〕が進められている。

　(7)有害物質の影響を受けやすく，依存症になりやすいから。

　　喫煙期間が長くなり，病気にかかりやすくなるから。

　　などから1つ

2　(1)アルコール〔エチルアルコール〕

　(2)肝臓　　(3)個人差ある。　限界ある。

　(4)ある。　　(5)急性（アルコール）中毒

　(6)アルコール依存症

　(7)アルコールの影響を受けやすく，依存症になりやすいから。

　　アルコールの影響を受けやすく，さまざまな器官に障害が起こりやすいから。

　　などから1つ

3　(1)①薬物　②医薬品　③1回　④脳

　　⑤依存性

　(2)ア，ウ，エ　　(3)ア，ウ，エ

　(4)家庭内暴力を起こす。

　　けんかにより，友人から孤立する。

　　薬物を入手するために恐喝事件を起こす。

　　などから2つ

4　②，③，④，⑥に○

解説

1　(1)たばこの煙には，200種類以上の有害物質が含まれていて，たばこを吸うと毛細血管の収縮，血圧の上昇，運動能力の低下などの急性症状が現れる。また，ニコチンには依存性があり，喫煙習慣をやめることが難しくなる。

2　(4)アルコールは脳や神経の働きを低下させ，思考力や自制心，運動機能を低下させる。その結果，転落や交通事故，暴力などの事故や事件が起こりやすくなる。

3　(1)③1回の使用でも乱用である。薬物乱用は心身の健康に深刻な悪影響を与える。決して乱用してはいけない。

　⑤薬物には依存性があり，乱用を繰り返すうちに自分の意思ではやめられなくなる。また，乱

用をやめてしばらくたった後でも，何らかの
きっかけで幻覚や妄想が突然現れる，フラッ
シュバック現象が起こることがある。

(4)薬物乱用は,家庭や学校での問題だけでなく，
友人関係の問題を引き起こしたり，犯罪を犯し
たりするなど，社会全体にも大きな被害をもた
らすことがある。

4 ①④本人の心理状態や対処能力，知識や考え
方などの個人の要因が大きく関係している。
②③周囲の人からの誘いやテレビなどによる影
響，入手のしやすさなどの社会的環境の要因が
大きく関係している。

保健編　**4章　傷害の防止**

p.24〜25　ココが要点
❶交通事故　　❷人的要因　　❸環境要因
❹車両要因　　❺交通法規　　❻交通環境
❼二次災害　　❽応急手当　　❾心肺蘇生
❿直接圧迫止血

p.26〜27　予想問題
1 (1)ア，ウ　　(2)Cウ　　Dア
(3)ア，イ，カ
2 (1)自転車　　(2)イ，オ　　(3)車両要因
(4)例バランスを崩しやすい。
(5)空走距離　　(6)制動距離　　(7)死角
3 (1)交通法規　　(2)内輪差
(3)危険予測　　(4)車両の点検
(5)交通環境
4 (1)駐車場や駐輪場　　(2)ア，オ
(3)逃げる。
　　大声を出す。
　　防犯ブザーを鳴らす。
　　警察や近くの大人に知らせる。
　　などから2つ
5 ①例背後から犯罪者が近づいてくる。
②例車内にむりやり引き込まれる。

解説
1 (1)交通事故と水難事故が上位を占めている。
他に，窒息や火災などがある。
(2)中学校での傷害・疾病では，体育的部活動中
が約半数を占める。続いて,保健体育の授業中，

休み時間中に多く発生している。
(3)人的要因には，他に，周囲の安全を確認しな
い，急いでいる，眠い，体調不良，無謀な行動
などがある。環境要因には，危険な物や場所，
自然の悪条件などがある。

2 (2) ミス注意 自転車事故の原因の大半が一時
不停止と安全不確認によるものである。
(3)車両の欠陥や整備不良，車両の特性などを車
両要因という。
(5)(6)空走距離や制動距離は，自動車（自転車）
の速度が速いほど長くなる。

3 (1)(3)交通法規を守って安全に行動すること，
人的要因，環境要因，車両要因を考え，危険予
測をして行動することが大切である。
(5)信号機や道路標識の設置，道路の整備，交通
規制の実施など。

4 (1)中学生は，興味・関心や行動範囲が広がっ
ていくため，小学生に比べて犯罪被害の発生件
数が多くなる。特に，駐車場や駐輪場，道路上
や住宅での被害が多く発生している。
(2)街灯が少ない，人通りが少ない，人が入りや
すく，周囲から見えにくい，落書きやごみが放
置されている場所は犯罪が起こりやすい。また，
周囲への注意が及ばないときや，エレベーター
などで二人きりになったとき，甘い言葉で誘わ
れたときなどにも犯罪が起こりやすい。
(3)地域にある「子ども110番の家」などに助け
を求めてもよい。

5 ①暗い夜道は犯罪が起こりやすい場所であ
る。耳を塞いでしまうと，危険が迫っていても
気づくことができない可能性がある。
②甘い言葉で誘われるかもしれない，荷物を
ひったくられるかもしれない，などの危険性を
考えて行動する必要がある。

p.28〜29　予想問題
1 (1)台風，大雨，大雪，落雷，竜巻
　　などから1つ
(2)①一次災害　②二次災害
(3)①例すぐに海岸を離れ，できるだけ高い
　　ところに避難する。
②例ブロック塀から離れ，広い場所へ避
　　難する。

(4)緊急地震速報　　(5)PTSD
(6)イ，ウ，オ
2 (1)①痛み〔苦痛〕や不安　②悪化
(2)ア→エ→オ→イ→キ→カ→ウ
(3)119番　　(4)AED
(5)①5　②100〜120
3 (1)直接圧迫止血法　　(2)包帯法
(3)R 安静　I 冷却　C 圧迫　E 挙上

解説

1 (3)①地震によって津波が発生する可能性があるので，すぐに海岸付近から離れ，できるだけ高いところに避難する。
②地震によってブロック塀が倒れる可能性があるので，すぐにブロック塀から離れる。また，路地の両側から落下物があるかもしれないので，頭を守るようにする。
(4)地震が発生したときや緊急地震速報が出されたときは，すぐに身の安全を確保する。
(5)心的外傷後ストレス障害ともいう。情緒不安定や睡眠障害など，深刻な影響が長く続くことがある。スクールカウンセラーに相談したり，医療機関を受診したりすることが必要である。
(6)ア自然災害はいつ，どこで発生するかわからないので，日頃から備えておく必要がある。
エ大雨のときに川に近付くことは大変危険である。気になっても近付かず，氾濫の危険があるとの情報を入手したときには安全なところに避難する。

2 (2)周囲の状況が危険なときは，傷病者を移動させる。近付くことが危険な場合は119番に通報する。
(4)自動体外式除細動器のことである。いざというときのために，AEDが設置されているところを確認しておこう。

3 (3)RはRestの頭文字で，安静にすることを表す。悪化させないために，できるだけ動かさないようにする。IはIceの頭文字で，冷却することを表す。毛細血管を収縮させることで，内出血を最小限に抑える。CはCompressionの頭文字で，圧迫することを表す。圧迫によって内出血を抑える。EはElevationの頭文字で，挙上を表す。患部を心臓よりも高く上げ，重力を利用して患部への血流を抑える。

3年

体育編　3章 文化としてのスポーツ

p.30　ココが要点
❶スポーツ基本法　❷スポーツ基本
❸健やかな心身　❹国際親善　❺世界平和
❻メディア

p.31　予想問題
1 (1)①心身　②自己開発　③交流
(2)スポーツ基本法
(3)スポーツ基本計画
2 (1)①国際親善〔相互理解〕　②世界平和
(2)アテネ　　(3)ア，イ，エ
3 ①○　②○　③×　④○

解説

1 (2)(3)2011年に制定されたスポーツ基本法に基づいて，2012年に国がスポーツ基本計画を定めている。また，自治体ではスポーツ推進計画を策定してスポーツの推進に取り組んでいる。
2 (2) ミス注意 ギリシャのアテネで開催された。
(3)アオリンピック休戦（オリンピック停戦）という。1994年冬のリレハンメル大会から国際連合がオリンピック休戦を支持する決議を行っている。
ウいろいろなメディアによって国際的なスポーツ大会の様子が世界中に伝えられるようになり，スポーツの魅力や意義，価値も世界中に伝えられている。
3 スポーツには，民族や人種，国や地域の違いだけでなく，性別の違いや障害の有無を超えて人々を結び付ける働きがある。

p.32〜33 ココが要点

❶感染症　❷感染源〔発生源〕　❸感染経路
❹免疫　❺性感染症
❻HIV〔ヒト免疫不全ウイルス〕
❼保健　❽医療　❾主作用　❿副作用
⓫使用方法　⓬健康増進

p.34〜35 予想問題

1 (1)①病原体　②感染　③発病　④潜伏期間
　(2)①感染源〔発生源〕　②感染経路
　　③（体の）抵抗力
　(3)予防接種　(4)免疫
　(5)①○　②○　③○　④×　⑤×
2 (1)性的接触　(2)ア, イ, オ
　(3)コンドーム　(4)エイズ　(5)イ, エ
3 (1)①保健　②医療　③保健所
　　④かかりつけ
　(2)主作用　(3)副作用
　(4)例使用方法を守って正しく使うこと。
4 (1)ヘルスプロモーション
　(2)健康増進法

解説

1 (1)病原体が侵入しても感染するとは限らず, 感染しても発病するとは限らない。
(2)①感染源をなくす対策として, 患者の早期発見・早期治療, 汚染されたものの消毒・滅菌などがある。
②感染経路を断つ対策として, 手洗いやうがい, マスク, 換気, 学級閉鎖, 人ごみを避けるなどがある。
③体の抵抗力を高める対策として, 十分な栄養と休養, 規則正しい生活, 予防接種などがある。
(5)④環境の条件も, 感染症の発生に関係している。
⑤感染症の症状が出たときは, 早期に医師の診察を受け, 医師の指示に従って適切な治療を受ける必要がある。
2 (2) ミス注意 たった1度の性的接触でも感染することがある。治療しないで放置しておくと, 男女ともに不妊などの原因になることがあるので, 感染したときは自分も相手も同時に専門医

の治療を受ける必要がある。
(5)ア HIV は免疫の働きを低下させる。
ウ HIV の感染者は若い世代にも広がっている。
3 (1)保健センターは市町村などが運営していて, 保健所は都道府県や政令市などが運営している。かかりつけ医は初期医療を担当する。専門的な治療が必要なときは, かかりつけ医からの紹介を受けて, 総合病院などの適切な医療機関を利用する。

p.36〜37 ココが要点

❶適応能力　❷熱中　❸低体温　❹湿度
❺至適温度　❻一酸化炭素　❼水質基準
❽生活排水　❾合併処理　❿循環型
⓫3R　⓬公害

p.38〜39 予想問題

1 (1)①発生　②放射　③筋肉　④血管
　　⑤汗
　(2)熱中症　(3)低体温症
　(4)酸素の運搬能力
2 (1)①気温　②湿度　③気流
　(2)イ　(3)ア
　(4)Aウ　Bイ　Cア
　(5)照明, カーテン　などから1つ
3 (1)二酸化炭素
　(2)①ウ　②イ　③ア　④エ
　(3)ウ
　(4)例定期的に換気すること。
4 (1)①不完全　②無　③無
　(2)①赤血球　②ヘモグロビン
　　③酸素　④一酸化炭素中毒

解説

1 (1)暑いときには汗をかく。汗が蒸発することで, 熱を逃がすことができる。寒いときに鳥肌が立つのは, 筋肉が緊張し, 熱を逃がさないようにするためである。
(2)適応能力は, 環境からの影響を受けることで高まる。そのため, 体が暑さに適応できていない初夏に, 真夏の暑さでもないのに熱中症にかかることがある。

(4)長期間高所でトレーニングを行うと，空気の
うすい高所での生活に適応するため，赤血球数
や含まれるヘモグロビンが増える。これにより，
酸素の運搬能力が高くなる。

2 (1)気温，湿度，気流の組み合わせを温熱条件
という。温熱条件が至適範囲であるとき，体温
を無理なく一定に保つことができ，活動しやす
い。至適範囲を超えると，学習の能率やスポー
ツの記録が低下する。また，至適範囲は活動に
よって異なり，個人差がある。

(2)気温と湿度による暑さの感じ方は，不快指数
という数値で表されることもある。

(4)明るさが不十分であったり明るすぎたりする
と，目が疲れて能率が下がる。廊下や階段より
も，教室や図書閲覧室は明るくすることが望ま
しい。

(5)自然の光の明るさは天候や時間帯などによっ
て変わるので，カーテンや照明器具を使って適
切な明るさに調節する。

3 (3) ミス注意 閉めきった部屋に大勢の人がい
ると二酸化炭素が増え，気温や湿度が上昇し，
ちりやほこり，細菌が増える。そのため，二酸
化炭素の濃度は室内の空気の汚れを知る指標と
なる。

(4)空気がこもらないように，窓を開けたり換気
扇を回したりして，定期的に換気する必要があ
る。

4 不完全燃焼とは，酸素が不足した状態で燃焼
することである。一酸化炭素は，吸い込むと死
に至ることがある，毒性の強い気体である。室
内で石油・ガスストーブ，ガス給湯器，炭，練
炭などを使用するときには，特に注意が必要で
ある。

p.40～41 ▶予想問題

1 (1)洗濯，入浴，炊事，水洗トイレ
　　　などから2つ
　(2)栄養物質や酸素の運搬，老廃物の排出，
　　　体温の調節，体液〔血液〕の濃度調節
　　　などから1つ
　(3)① 2.5　②汗　③ 20
　(4)①浄水場　②水質基準
2 (1)生活雑排水　　(2)生活排水

(3)B下水処理場　Cし尿処理施設
　　D公共下水道　E合併処理浄化槽
3 (1)循環型社会
　(2)①リデュース　②リユース
　　　③リサイクル
　(3)Aイ　Bウ　Cア
　(4)3R
4 (1)公害
　(2)①窒素　②有機水銀
　　　③四日市ぜんそく　④イタイイタイ病
　(3)環境基本法

解説

1 (3)飲料として約 1.2L，食物中の水分として約
1L摂取し，体内で約 0.3L の水分ができる。
また，呼吸や汗によって約 0.9L，尿や便によっ
て約 1.6L 排出している。体の中の水分の約2％
を失うと脱水症状が現れ，約 20％を失うと死
に至る。

(4)飲料水に有毒な物質や病原性の微生物が含ま
れていると健康に重大な被害が起こるため，さ
まざまな水質検査が行われている。

2 (2)生活排水は水質汚濁の原因となり，環境や
健康に悪影響を与える。そのため，衛生的に処
理される必要がある。

(3)下水道の整備が困難な地域では，合併処理浄
化槽の整備が進められている。水質汚濁を防ぐ
ためには，生ごみや油を流さない，洗剤を使い
すぎないなどの工夫が必要である。

3 (1)ごみは，資源化，再利用，焼却，埋め立て
などの方法で衛生的に処理されている。しかし，
ごみによる環境問題やごみを埋め立てる最終処
分場の残余容量に余裕がないこと，資源の枯渇
などの問題から，限りある資源を有効に使う循
環型社会の実現が求められている。

4 (1)住民運動や公害対策基本法による規制など
によって，公害は少しずつ改善されてきている。
(2)汚染物質には，他にもシアン，浮遊粒子状物
質，微小粒子状物質（PM2.5），光化学オキシ
ダントなどがある。

体つくり運動

p.42 **ココが要点**

❶体ほぐし　　　　❷ストレッチング
❸巧みな　　　　　❹負荷
❺シグナル

p.43 **予想問題**

1 ①体ほぐし　②体の動き
　③体と心　④関わり合い
2 (1)①イ　②エ　③ウ　④ア
　(2)Aイ　Bウ　Cウ　Dア　Eイ　Fエ
　(3)何のために行うか。
　　どのような運動を行うか。
　　いつ，どこで行うか。
　　どのくらいの強度で行うか。
　　などから1つ
　(4)例ストレッチングを行う。

解説

1 　手軽な運動やリズミカルな運動を通して体を動かすことの楽しさや心地よさを味わうことができる。
2 　(3)運動計画を立てるときは，何のために，どのような運動を，いつ，どこで，どのくらいの運動強度，時間，回数で行うかを考える。
　(4)自宅でテレビを見ながらでも，ストレッチングやボールでバランスを保つなど，手軽な運動をすることができる。

集団行動,ラジオ体操,新体力テスト

p.44 **ココが要点**

❶気を付け　　　　❷右足
❸2列横　　　　　❹深呼吸
❺13　　　　　　　❻上体起こし
❼反復横跳び　　　❽立ち幅跳び

p.45 **予想問題**

1 (1)45〜60度　　(2)イ
　(3)①，④，⑤，⑧，⑨
　(4)A 2列横隊　B 3列縦隊

　(5)①2　②右　③左
　(6)左足　　(7)2つ

解説

1 (1)正面を見て，ひざや背筋を伸ばす。
　(2) ミス注意 斜め型では右足に体重をかけ，横型では両足に体重をかける。
　(3)「右向け一右」では，両足のかかとを中心に1動作で90度方向を変えることもある。
　(5)前列2番の人と後列2番の人で，新しい列をつくる。
　(7)歩いているときは,「止まれ」の合図で1歩前に踏み出し，次の足を引き付けて止まる。

p.46〜47 **予想問題**

1 (1)⑧→⑥→⑩→⑤→①→②→⑪→④→③
　　→⑫→⑨→⑥→⑦
　(2)④→⑤→⑦→⑨→⑧→③→①→②→⑩
　　→⑬→⑪→⑥→⑫
2 (1)A 握力　B 長座体前屈　C 持久走
　　D ハンドボール投げ　E 上体起こし
　　F 反復横跳び　G 立ち幅跳び
　　H 50m走
　(2)A ア　B カ　C オ　D ウ　E イ　F ク
　　G エ　H キ
　(3)イ　　(4)C，E，H　　(5)2m
　(6)30秒間　　(7)100cm
　(8)クラウチングスタート

解説

1 　ラジオ体操は，気を付けの姿勢に始まり，気を付けの姿勢で終わる。また，左右の運動があるときは，全て左側から行う。13の運動を，それぞれの動きのポイントを押さえながら正しい姿勢で行うことが大切である。
2 　(3)右，左それぞれのよいほうの記録をとり，その平均値を記入する。
　(4)握力や反復横跳びは2回実施するが，同じ人が続けて行わないようにする。
　(7)反復横跳びでは100cm間隔で引かれたラインをサイドステップで越す。20秒間実施し，ラインを通過するごとに1点とする。
　(8)50m走はクラウチングスタートで，持久走や20mシャトルランはスタンディングスタートで行う。

p.48　ココが要点

❶片足正面水平　　❷開脚後転
❸側方倒立　　　　❹ひざかけ
❺両足ターン　　　❻頭はね

p.49　予想問題

1 (1)（フレドリック・L・）ヤーン
　(2)①かかえ込み　②伸身　③屈身
　　④伸しつ　⑤支持　⑥振動　⑦難度

2 (1)A片足正面水平立ち
　　BY字バランス　C倒立
　　D片足側面水平立ち
　(2)E倒立前転　F開脚前転
　　G跳び前転　H開脚後転
　　I伸しつ後転

解説

1 (1)体操競技の種目には，鉄棒，跳馬，ゆか，あん馬，つり輪，平行棒，平均台などがある。

2 (1)A，B，Dは片足平均立ちグループの技である。Aでは，上体と足を水平に保つようにする。Bでは，持ち上げた足と手でYの字をつくるようにする。Dでは，横を向いて体と足を水平に保つようにする。Cは倒立グループの技である。両手を肩幅と同じくらいに開く。
　(2)E倒立姿勢をつくった後，ひじをゆっくりと曲げ，後頭部，背中，腰の順にマットにつきながら前転する。
　F足がマットにつく直前に開脚する。
　G両足で踏み切り，両腕で支えて前転する。
　H足がマットにつく前に開脚する。
　Iひざを伸ばした状態で後転する。

p.50～51　予想問題

1 A側方倒立回転　B倒立ブリッジ
　C頭はねおき
2 (1)踏み切り板〔ロイター板〕　(2)ア
　(3)Aイ　Bウ　Cア　Dエ　Eオ
3 (1)A順手　B逆手
　(2)Cイ　Dオ　Eア　Fウ　Gエ
　(3)例手首を返すとよい。
4 (1)ウ

(2)A開脚跳び　B両足ターン
　C伸身跳び

解説

1 A４分の１ひねって着手し，まっすぐな線上を側転する。
　B倒立の状態から腰を反らせ，ブリッジをする。肩が前に出ないようにする。
　C額をつけてからマットを強く押し放し，全身を十分に反って立つ。
2 (2)腕を前方に伸ばし，台の前方に手をつく。
　(3)A台の前方に手をつき，ひざを曲げて体をかかえ込みながら跳ぶ。
　Bひざを伸ばし，手の突き放しと同時に屈身する。
　C台の上に手，額の順につけ，手の突き放しと同時に腰を伸ばしてはねる。
　D手で体を支え，腰を高く上げて前転する。
　Eひじを曲げて支え，手の突き放しと同時に腰を反って伸身の状態で着地する。
3 (1) ミス注意 他に，片逆手，大逆手もある。
　(2)Cひざを曲げて鉄棒を引き寄せ，腹で鉄棒をかかえ込んで回る。
　D片逆手で鉄棒を握り，片足で鉄棒を蹴って前に下りる。
　E前振りと後ろ振りからなる。
　G逆手で行う。
　(3)ひじを横に張り，鉄棒を下に押しつけるようにすると同時に，手首を返すとよい。
4 (1) ミス注意 前方歩では，５mくらい先を見ながらつま先を伸ばし，台の側面に触れながら歩くとよい。このとき，腰や背筋は常に伸ばす。後方歩では背筋を伸ばし，台の側面に触れながら歩く。
　(2)B両手を上げ，つま先立ちして一息でターンをする。
　歩走グループの技，跳躍グループの技，ポーズグループの技，ターングループの技など，さまざまな技を組み合わせて演技してみる。

陸上競技

p.53 ▶ 予想問題

1 ①走る　②跳ぶ　③投げる
　　（①～③順不同）
　　④イギリス
2 (1)クラウチングスタート
　　(2)Aイ　Bウ　Cア
　　(3)イ, ウ　(4)レーン　(5)内側
　　(6)胴体〔トルソー〕の一部がフィニッシュ
　　　ラインに到達したとき。
　　(7)テークオーバーゾーン
　　(8)30m　　(9)ア, イ

♪ 解説

1 走る, 跳ぶ, 投げるという運動は古くから行
われていた。
2 (2)A最も一般的なスタート。B腕への負担が
大きいが, 1歩目が早く出せるスタート。C反
応は遅いが, キック力が大きいスタート。
(3) ミス注意 ア短距離走では, 「位置について
（オンユアマークス）」, 「用意（セット）」, 「ド
ン」である。
エ1歩の歩幅をストライド, 一定時間内の歩数
をピッチという。自分に合ったピッチとストラ
イドで走る。
(4)わざとレーンの外を走って利益を得た場合
は, 失格となる。
(5)体を内側に傾け, 内側のラインぎりぎりを走
る。
(6)トルソーと呼ばれる胴体部分の一部がフィ
ニッシュラインに到達したときにフィニッシュ
となる。フィニッシュを迎えるときは, 全身を
投げ出すようにする。
(9)アテークオーバーゾーン手前10m以内から
スタートしてもよい。
イ次の走者はスピードに乗ったところでバトン
を受け取ることができる。また, バトンパスの

ときの利得距離の存在から, 4人の合計タイム
よりも小さくなることがある。
ウ両者とも腕を伸ばしてバトンパスを行う。

p.54～55 ▶ 予想問題

1 (1)スタンディングスタート
　　(2)イ　　(3)ウ
　　(4)ラップタイム
　　(5)①ピッチ走法　②ストライド走法
2 (1)アプローチ　　(2)ハードリング
　　(3)A　　(4)インターバル　(5)3歩
　　(6)イ
　　(7)例遠くから踏み切るとよい。
3 (1)Aそり跳び　Bかがみ跳び
　　　Cはさみ跳び
　　(2)ウ　　(3)a
4 (1)Aはさみ跳び　B背面跳び
　　(2)3回　　(3)ウ

♪ 解説

1 (2)長距離走では, 「位置について（オンユア
マークス）」, 「ドン」であり, 「用意（セット）」
の号令はない。
(3)2呼2吸（吐く, 吐く, 吸う, 吸う）や2呼
1吸（吐く, 吐く, 吸う）が一般的である。
2 (3)前傾し, 抜き脚をハードルと平行にする。
(5)着地した次の1歩目を大きく踏み出し, 3歩
でインターバルを走るようにする。
(6)イ他の走者に影響を与えたり妨害したりする
行為でなければ, 何台倒しても失格にはならな
い。
(7)遠くから踏み切り, 前傾姿勢で抜き脚をハー
ドルと平行にすることが大切である。このとき,
抜き脚側の腕を大きく横に振り, 抜き脚をかか
え込むように引くと, バランスが保たれる。
3 (2)砂場に残った跡のうち, 踏み切り線に最も
近い部分（④）と踏み切り線（③）の間を測る。
(3)踏み切り線の先で踏み切ったときや, 踏み切
り板の外側で踏み切ったときは無効試技(失敗)
となる。
4 (1)B体を反らして肩, 背中, 腰の順にバーを
越す。
(3)走り高跳びは, 片足で踏み切らなければなら
ない。

水泳

p.56 ▶ ココが**要点**

❶平泳ぎ   ❷バタフライ

❸クイック   ❹個人メドレー

❺自由形   ❻背泳ぎ

p.57 ▶ 予想問題

1 (1)飛込，水球，

アーティスティックスイミング，

オープンウォータースイミング

などから1つ

(2)①ストリームライン

②ローリング ③ハイエルボー

2 (1)ア→イ→エ→ウ→オ

(2)クロールB 平泳ぎD

(3)ア   (4)イ，エ

解 説

1 (1)アーティスティックスイミングは，音楽に合わせて泳ぐ競技で，オープンウォータースイミングは川や湖，海で行う競技である。

2 (1)手が水中に入る局面をエントリーといい，入水から腕のかきによって推進力を得る局面をキャッチという。水を進行方向に対して逆に押す動作をプル，腕のかきの最終局面をプッシュという。プッシュを終えて次のかき動作が始まるまでの移行の局面をリカバリーという。

(2)Aは背泳ぎ，Bはクロール，Cはバタフライ，Dは平泳ぎのストロークを表している。

(4)アひざを伸ばし，足全体で水を蹴る。

ウストロークに合わせて呼吸を行う。キックのときは，ストリームライン姿勢を保つ。

p.58～59 ▶ 予想問題

1 (1)ア→イ→エ→ウ→カ→オ

(2)①小 ②親

(3)イ

2 (1)ドルフィンキック   (2)親指側

(3)ウ

3 (1)ア，イ，エ   (2)1回

(3)ウ   (4)15m

(5)不正出発〔フォルススタート〕

4 (1)イ，エ

(2)クイックターン〔フリップターン〕

(3)クロールイ 背泳ぎイ

5 (1)エ→ウ→イ→ア

(2)ウ→イ→エ→ア

(3)例平泳ぎ，背泳ぎ，バタフライ以外の泳法。

(4)ア，ウ，エ

6 (1)バディシステム

(2)ア，イ，オ

解 説

1 (3)ア空中では腕を高く伸ばし，直線的にリカバリーする。

ウリカバリー動作のときに口から息を吸い，その腕がプル動作をするときに鼻から息を吐き出すとよい。

2 (3)アキックとともに手や頭を下げると，腰が浮いてくる。

イバタフライでは，両足を交互に動かしてはいけない。また，平泳ぎのキックもしてはいけない。

エ腕を曲げずに，水面近くをはうようにリカバリーする。このとき，手の甲が前を向くようにする。

3 (1)背泳ぎでは，両手でスターティンググリップを持ち，頭を引きつけて準備する。

(5)スタートはすべて1回制で，不正出発（フォルススタート）をすると失格となる。

4 (1)自由形や背泳ぎのターンは，体の一部が壁に触れればよい。

5 (3)自由形はどのようなスタイルで泳いでもよい。ただし，個人メドレーとメドレーリレーにおいては，平泳ぎ，背泳ぎ，バタフライ以外の泳法でなければならない。

(4)アリレーの引き継ぎでは，前の競技者が壁にタッチしてから次の競技者がスタートする。

イリレーの第2～第4泳者に限り，飛び込み台で構えた後に静止しなくてもよい。

エ自由形以外の泳法のときにプールの底を蹴ると，失格になる。

6 (2)ウ平泳ぎや横泳ぎが適している。

エ自分で泳いでいって救助するのは非常に危険である。

p.60～61 ココが**要点**

❶レシーブ　　　　　❷トス

❸スパイク　　　　　❹フロント

❺アタック

❻キャッチ〔ホールディング〕

❼フォアヒット　　　❽タッチネット

❾シェークハンド　　❿ショートカット

⓫フォア　　　　　　⓬ボレー

⓭シャトル　　　　　⓮クリアー

⓯ヘアピン

p.62～63 予想問題

1 ①サービスライン

②サイドライン

③エンドライン

④アタックライン

⑤センターライン

⑥フロントゾーン

⑦バックゾーン

⑧サービスゾーン

2 Aオーバーハンドパス

Bアンダーハンドパス

Cアンダーハンドサービス

Dサイドハンドサービス

3 (1)リベロ　　(2)セッター　　(3)ラリー

(4)三段攻撃　　(5)ブロック

(6)ローテーション　　(7)時計回り

4 (1)①ダブルコンタクト，C

②フォアヒット，B

③オーバーネット，E

(2)a，b，c

5 ①エンドライン　②サイドライン

③センターライン

6 (1)Aシェークハンドグリップ

Bペンホルダーグリップ

(2)ドライブ　　(3)カット

(4)スマッシュ

解説

1 6人制の競技場の場合，サービスゾーンの幅は9mである。また，センターラインからアタックラインまでは3m，センターラインからエ

ンドラインまでは9mである。

2 Aボールの落下点に移動し，額の前までボールを引き付けてからボールを送り出す。

B腕を伸ばし，腰を落として手元にボールを引き付けてからボールを送り出す。

Cネットに正対して構える。

Dネットに対して横向きに構える。

3 (4)相手からのボールをレシーブし，セッターに返す。そして，セッターが上げたトスをアタックする攻撃。

4 (1)Aはキャッチ（ホールディング）の合図，Dはタッチネットの合図である。

①両手のそろっていないオーバーハンドパスもダブルコンタクトとなる。

②ブロックタッチは1回と数えない。

6 (1)Aでは，フォアハンドとバックハンドでラケットの両面を使い分ける。Bでは，フォアハンドもバックハンドも表面で打つのが一般的である。

(2)～(4)他にも，ショート，ショートカットなどの打ち方がある。

p64～65 予想問題

1 (1)Aア　Bウ　Cイ　　(2)a

2 (1)Aグラウンドストローク

〔アンダーストローク〕

Bフラットサービス

(2)①ボレー　②ロビング　③スマッシュ

(3)①レット　②ネットオーバー

③ネットタッチ

3 (1)Aイ　Bア　Cウ

(2)イ　　(3)ウ

4 (1)Aア　Bイ　Cウ

(2)ショートサービス　　(3)b

(4)①プッシュ　②スマッシュ

③ヘアピン　④クリアー

解説

1 (1)シングルスコートでは，両方のサービスサイドラインをベースラインまで延長したラインがサイドラインとなる。

(2)bはイースタングリップと呼ばれる。

2 (1)Aフォアハンドグラウンドストロークともいう。ストロークには，他にもサイドストロー

クやトップストロークなどがある。

(3)① ミス注意 サービス以外の場面で，ボールがネットに触れた後相手のコートに正しく入った場合は有効返球となり，そのまま試合を続行する。

③ (2)(3)サービスは，対角線側のサービスコートに入れる必要がある。サイドラインやロングサービスラインはシングルスとダブルスで異なる。

④ (1)Aは低い位置にきたシャトルを，Bは高い位置にきたシャトルを，Cは肩の高さにきたシャトルを打つときのストロークである。

(3)aはロング（ロングハイ）サービスを打つ様子である。bはフォアハンドのショートサービスを打つ様子である。

(4)クリアー，スマッシュ，ドロップはオーバーヘッドストロークから打つ。

球技（ゴール型①）

❶（ジェイムス・）ネイスミス
❷ピボット　　　　❸スリーポイント
❹イリーガルドリブル〔ダブルドリブル〕
❺フリースロー　　❻キックボール

① (1)①エ　②ウ　③ア　④イ
　(2)Aオ　Bキ
② ①イ　②ウ　③ア　④エ　⑤オ　⑥キ
　⑦カ　⑧ク　⑨ケ　⑩コ

解説

① (1)フリースローラインの内側は制限区域と呼ばれ，攻撃側の選手が3秒以上とどまると違反になる。また，ゴールからスリーポイントラインまでは6.75mである。

(2)バスケットボールのコートは，15m × 28mの大きさである。

② ①フリースローなどで用いるシュート。
②ゴール下に走り込んで，リングの近くで行うシュート。
③防御をかわして高い位置から行うシュート。
④遠くにいる味方に長いパスをするときに用いる。

---

⑤パスの基本。近くにいる味方に正確にパスをするときに用いる。
⑥ゴールに向かってボールを速く進めるときに用いるドリブル。
⑦防御者に接近されたときに用いるドリブル。
⑧両足同時に止まる。
⑨片足ずつ止まる。最初に着地した足を軸足とする。
⑩軸足を中心に方向転換を行う。

① (1)①3　②5　③8　④24
　⑤トラベリング　⑥チャージング
　⑦ブロッキング　⑧ホールディング
　(2)⑤B　⑥C　⑦D　⑧A
② (1)リバウンド〔リバウンディング〕
　(2)ア　　(3)ウ　　(4)2点
③ (1)①イ　②ウ　③ア
　(2)Aオ　Bエ　Cカ
④ (1)①エ　②ア　③オ　④ウ　⑤ク
　⑥キ　⑦カ
　(2)A，C，D
　(3)①スローイン　②フリースロー
　③7mスロー

解説

① (1)パーソナルファウルやテクニカルファウルのように，体の接触による反則とスポーツマンらしくない行為をファウルという。ファウルを除く全ての違反をバイオレーションという。アウトオブバウンズ，トラベリング，イリーガルドリブル，時間に関する違反などがバイオレーションにあたる。

② (2)カットインプレイとは，味方にパスしてゴール下に走り込み，パスを受けてシュートするという攻撃法のことである。

(4) ミス注意 スリーポイントラインの外側からシュートしてゴールしたときは3点となる。また，フリースローでの得点は1点である。

③ (2)ハンドボールの競技場は，20m × 40mの大きさである。

④ (2) ミス注意 ハンドボールではボールを持ったまま3歩まで歩くことができる。立った状態でボールをキャッチした場合，キャッチした次

のステップを1歩目と数える。Aは4歩目が床につく前にボールを放しているが，Bは4歩目が床についた後にボールを放しているので，オーバーステップとなる。ジャンプした状態でボールをキャッチした場合，着地した次のステップを1歩目と数える。Cは3歩目が床につく前に，Dは4歩目が床につく前にボールを放しているので，どちらもオーバーステップとはならない。

(3)ゲームの再開方法には他に，ゴールキーパースローもある。

球技（ゴール型②，ベースボール型）

❶キックオフ　❷トラッピング
❸オフサイド
❹捕手〔キャッチャー〕
❺右翼手〔ライト〕　❻オレンジ

1 (1)ペナルティエリア
　(2)②ペナルティアーク
　　③ペナルティマーク
　　④タッチライン　⑤ゴールライン
　(3)11m
2 ①インサイドキック
　②アウトサイドキック
　③インフロントキック
　④インステップキック
　⑤フェイント　⑥ヘディング
　⑦トラッピング　⑧スルーパス

🔑 解説
1 (2)(3) ミス注意 ゴールラインから11mのところにペナルティマークがあり，ペナルティマークから半径9.15mの位置にペナルティアークが引かれている。
2 足の内側で蹴ることをインサイドキック，外側で蹴ることをアウトサイドキックという。また，足の甲で蹴ることをインステップキックという。防御者の背後のスペースを，ワンタッチパスを使って攻めるときに，壁パス（ワンツーリターン）を用いる。

1 (1)Aクロスバー　Bゴールポスト
　(2)ア，カ　(3)C　(4)11人　(5)ウ
2 (1)① FW　② DF　③ MF　④ GK
　(2)例関節をリラックスさせる。
　　〔ボールのスピードに合わせて足や体を引く。〕
　(3)アイコンタクト
3 (1)①投手〔ピッチャー〕
　　②捕手〔キャッチャー〕
　　③1塁手〔ファースト〕
　　④2塁手〔セカンド〕
　　⑤3塁手〔サード〕
　　⑥遊撃手〔ショート〕
　　⑦左翼手〔レフト〕
　　⑧中堅手〔センター〕
　　⑨右翼手〔ライト〕
　(2)①脇〔みぞおち〕　②ひざ頭
　(3)C，F　(4)①3　②7
4 (1)B　(2)C　(3)ア
　(4)例内野ゴロなどを打ったとき。
　(5)ダブルプレイ　(6)イ

🔑 解説
1 (3) ミス注意 Cでは，bさんがオフサイドポジションにいてaさんからパスを受けているので，オフサイドの反則となる。Dでは，aさんがボールを蹴ったときにbさんがオフサイドポジションに入っていないので，オフサイドの反則とはならない。
(4)サッカーは11人で行われるが，フットサルは5人で行われる。
(5)アではゴールキック，イではコーナーキック，エ，オでは直接フリーキック，カではペナルティキックとなる。間接フリーキックでは，ゴールを直接ねらうことができない。
2 (1)FWはフォワード，DFはディフェンダー，MFはミッドフィルダー，GKはゴールキーパーの略である。
(2)ボールが体に当たる瞬間に力を抜き，体がクッションになるようにするとよい。
3 (1)①〜⑥は内野手，⑦〜⑨は外野手と呼ばれる。それぞれの基本的な守備範囲や適性についても確認しておこう。

(4)7回が終わって同点のときは，8回からタイブレーカーによる延長戦を行う。

④ (1)(2)A，Cは長打が出やすく，B，Dはミートしやすい。

(3)イはゴロの捕球の仕方である。

(4)内野ゴロなどを打ったときには，オレンジベースを踏んで駆け抜けるようにする。外野へのヒットなどを打ったときは，白色のベースの内側の角を踏み，塁を回るようにする。

武道，ダンス

p.74〜75 ▶ ココが要点

❶嘉納治五郎　　❷かかり
❸立礼　　　　　❹崩し
❺残心　　　　　❻そんきょ
❼シンメトリー　❽ユニゾン
❾クローズド　　❿プロムナード
⓫8ビート　　　⓬シンコペーション

p.76〜77 ▶ 予想問題

① (1)嘉納治五郎　　(2)イ　(3)受　(4)取
(5)右手つり手　左手引き手
(6)前回りさばき　(7)後ろ受け身
(8)体落とし，大腰，膝車，支えつりこみ足，
　小内刈り，大内刈り，大外刈り
　などから1つ
(9)a 本けさ固め　b 横四方固め
　c 上四方固め
(10)①スピード　②力強さ（①，②は順不同）
　③技あり　④20

② (1)中段の構え　　(2)一足一刀の間合い
(3)①気勢　②姿勢　③刃筋　④残心
(4)面，小手，胴　から1つ
(5)ア，エ

③ (1)ちりちょうず　(2)四股　(3)調体（てっぽう）
(4)①押し　②押っつけ　③寄り
　④巻き返し

🎵 解説

① (2)ア立礼では，上体を約30度曲げる。
ウ ミス注意 座るときは左足から，立つときは右足から行う。これを，左座右起という。
(5)相手の左前襟（えり）を持つ手をつり手，相手の右中

袖を持つ手を引き手という。
(10)抑え込みの宣告から20秒間相手を抑え込むと一本となる。

② (2)中段の構えのとき，互いの剣先が軽く交差する程度の間合い。1歩踏み込めば相手を打つことができ，1歩退けば相手の打突を外せる距離。
(4)中学生では，面，小手，胴が認められている。突きは認められていない。
(5)イ，ウは応じ技について述べたものである。

③ (1)図1はそんきょの姿勢である。
(4)絞り込みは押しに対する前さばきで，相手のひじを伸ばすように，下から内側に絞り上げる。上手投げや下手投げは投げ技である。

p.78〜79 ▶ 予想問題

① (1)Aシンメトリー　Bアシンメトリー
　Cユニゾン　Dカノン　Eリフト
(2)ア，ウ

② ①岐阜県　②福岡県　③山形県
　④北海道　⑤高知県

③ (1)Aウ　Bオ　Cア　Dイ　Eエ
(2)反時計回り

④ (1)B　　(2)ボックスステップ
(3)ランニングマン　　(4)8ビート
(5)シンコペーション

🎵 解説

① (1)シンメトリーは整った印象を与え，アシンメトリーは空間内の関係性が広がって見える。ユニゾンは統一感が表現できるが，単調になることもある。いろいろな要素を取り入れながら表現するとよい。
(2)対極の動きを連続して入れてもよい。また，小道具を使って表現することで効果的になることもある。

③ (2)LODはライン・オブ・ダンスの略で，反時計回りの進行方向を表す。時計回りの進行方向は，逆LODという。

④ (1)Aはダウンのリズム，Bはアップのリズムである。
(4)ロックやポピュラー音楽の多くは8ビートを基本としている。